얘들아, 엄마랑 미국가서 살아볼래?

두 아들과 미국으로 떠난
40살 아줌마의 성공적인 기러기 유학기

인프레스

이 현 정

일본 큐슈대학 예술공학 석사 컴퓨터음악 및 미디어 아트 전공
미국 오리건 주립대학 INTO OSU 랭귀지 스쿨 수료
미국 Linn Benton Community College 교육학 전공
미국 Linn Benton Community College Education/Child and Family Studies Department Education Practicum
미국 Northwest Christian University TESOL(Teaching English to Speakers of Other Language) 국제영어교사 자격증 취득
미국 오리건 주립대학 INTO OSU 랭귀지 스쿨 Practical Teaching Training
미국 오리건 주립대학 INTO OSU 랭귀지 스쿨 Teaching Assistant

얘들아, 엄마랑 미국가서 살아볼래?

이현정 저

초판 1쇄 인쇄 2011년 8월 5일
초판 1쇄 발행 2011년 8월 10일

펴낸곳 인프레스
펴낸이 송혜숙

등록번호 제25100-2011-000025호
주소 서울 강북구 우이동 320-7
전화 996-8341

ISBN 978-89-966930-0-0

차례

처음에

아이들이 성상해 감에 따라, 그들이 크레파스를 손에 쥐고 하얀 스케치북에 그리는 그림들은 여러 각도로 달라진다. 선택하는 소재나 표현하는 형태, 칼라, 모든 것들이 자신의 생각과 경험을 바탕으로 한다. 만약, 우리들의 손에 크레파스가 쥐어 진다면, 과연 우리는 하얀 스케치북을 어떻게 채워 나갈까?

나이를 먹으면서, 내 인생이 얼마나 밀도 있게, 얼마나 의미 있게 진행되어 왔는지 자꾸만 돌아 보게 된다.

내 나이 마흔에 중요한 결단을 내렸다. 미지의 세계로의 도전, 아마도 내 인생에서 가장 힘들지도 모르는 도전을 선택했다. 아이들과 함께 미국으로 가서 영어를 익히고, 미국 문화를 체험해 보자. 미지의 세상을 극복해 보는 것은, 나 자신의 미래를 위한 것일 뿐 아니라, 아이들의 미래에도 큰 버팀목이 되어 줄 것이라는 강렬한 믿음이 나를 움직이게 했다.

다람쥐 쳇바퀴 돌 듯 돌아가는 한국에서의 내 생활을 말끔히 정리하고 미국으로 향하는 나의 발걸음은 새로운 세계로 향한 호기심과 두려움으로 가득 차서 평소보다 무겁게 느껴졌었다. 하지만, 한국으로 돌아가는 날에는 귀향의 기쁨과 원하는 것을 이룬 성취감으로 행복의 풍선을 달고서 날아갈 듯한 발걸음을 내디딜 수 있으리라 믿는다.

감사의 글

나에게 미지의 세계에서도 꿋꿋하게 견뎌낼 수 있는 체력과 긍정적이고 낙천적인 성격을 물려 주신 부모님, 우리의 보잘 것 없는 성공에도 춤을 덩실덩실 추시고, 우리의 아주 작은 슬픔에도 함께 눈물지으시는 시어머니, 머나먼 하늘나라에서 우리를 지켜주시느라 여념이 없으실 시아버지, 멀리 떨어져 있어도 해바라기처럼 나만 바라보면서, 인내심을 가지고 기다려 주는 사랑하는 내 남편, 내 홈페이지에 응원의 글들을 끊임없이 올려 주었던 친구들, 그리고 미국에서 온갖 어려움을 함께 헤쳐나가주었고, 진정한 내 삶의 동반자가 되어 주었던 내 소중한 두 아들, 한이와 유에게, 내가 표현할 수 있는 모든 감사의 형용사를 이 책으로 대신하려 합니다. 그들에게 이 책을 바칩니다.

Dreaming

마흔이 되기 전에 무언가 엄청나게 대단한 일을 이루고 말리라는 결심을 몇 번 이나 되풀이 해 왔는데, 막상 서른 여덟이 지나고, 서른 아홉을 맞이하면서 느끼는 현실에서의 만족감은, 그 거대했던 포부에 부응하지 못하는 좌절감과 함께, 현실에 타협하고 다람쥐 쳇바퀴 돌 듯 살아가는 단순한 내 생활 패턴을 맴돌면서 몇 배로 삭감되고 있었다.

2008년 3월, 내 나이 서른 아홉. 서른 세 살부터 만 5년을 쉼 없이 정성을 쏟아 경영해 오던 음악학원과 사랑하는 남편을 뒤로 하고, 미국 행 비행기를 올라타기 까지 나는 내 인생의 전환점을 어떻게 맞이할 것인가를 무척이나 고민하고 있었다. 내 나이 스물 아홉에 그랬듯, 내 나이 서른 아홉에도 무언가 정리와 계획이 필요하다고 느끼고 있던 찰나, 이대로 똑 같이 살다가는 정말 똑 같은 삶을 살다 늙어가겠구나 하는 생각이 나의 두뇌를 지배하기 시작했다.

내가 스물 아홉이었을 때에는, 더 늦기 전에, 더 늙기 전에 심도 있는 공부를 해 두자는 욕심에 일본으로 석사 과정을 떠났었다. 그 때, 한국에 남겨진 남편과 어린 두 아들은 엄마 없는 하늘 아래에서, 꿈을 좇아 가는 이기적인 엄마를 그리워하느라, 원망할 마음의 여유조차 없었다. 결국, 가족의 희생을 담보로, 보란 듯이 훌륭한 성적으로 석사학위를 따냈고, 박사 과정 입학 시험에도 보기 좋게 합격했었다. 하지만, 여러 가지 이유로 박사학위를 포기하고, 음악학원 경영과 예술고등학교와 대학의 음악 강사로 길을 바꾼 다음에 이어진 경제적 풍요로움은, 나를 일 중독으로 몰고 갔고, 몸과 마음이 지치기 시작했다. 일로 인한 보람을 느끼기 이전에, 더 많은 경제적 풍요로움만을 꿈꾸고 있는 내 모습이 왠지 부끄러워지기 시작했다.

새로운 뭔가가 필요했다. 마흔이라는 숫자가 주는 중압감은 서른을 맞이할 시점에 비하면 몇 곱절로 무겁게 느껴졌다. 어떤 분야에서 우뚝 설 수 있는 프로가 된 것도 아니었고, 일 하느라, 공부하느라, 가정 주부로서도 프로가 아닌 내 모습이 어정쩡하기 짝이 없다고 느꼈다. 그야말로, 아무 생각 없이 다람쥐의 뇌 구조를 닮아 가는 것이 아닌가 의심하기 시작했다.

막 학교 다녀와서 가방을 내동댕이치고 놀러 나가려는 내 아이들에게 한 마디 질문을 던졌다. "얘들아, 엄마랑 미국 가서 살아 볼래?" 눈이 휘둥그래진 둘째가 자신의 귀를 의심하는 듯, 내게 다시 되물어왔다. "엄마, 방금 뭐라고 하셨어요? 혹시 미국 가자고 하셨어요?" 아이들은 흥분 반, 걱정 반으로 고민을 하기 시작했다. 아이들이 다니는 학교에는 미국에 살다 귀국한 아이들이 몇 있었다. 그 아이들을 통해 미국이 얼마나 대단한 나라인지, 영어가 얼마나 힘들면서도 재미있는지, 익히 들은 바 있기 때문에 자신들이 가지게 될 색다른 경험에 대해 호기심과 두려움이 동시에 교차하는 듯 했다. 특히 큰 아이는 중학교 2학년에 재학 중이었기에, 더욱 신중하게 생각하는 듯했다. 나는 아이들에게 미국 행을 강요하지 않았다. 인생은 자신이 선택하는 것이라고, 미국에 출발하기 하루 전까지만 결정해 주면 된다고 하고서는, 나는 나름대로 나와 아이들의 미국 비자를 신청하기 위해 바삐 준비를 시작했다. F1 비자(유학 비자)를 받아서 미국에서 영어 공부를 하면서, 동시에 미국 문화를 체험하고, 나름대로 내 인생의 안식년을 가지면서 나의 과거를 되돌아보고, 또한 멋진 미래를 설계하리라. 나의 아름다운 마흔을 꿈꾸어 보리라.

Before the Dawn

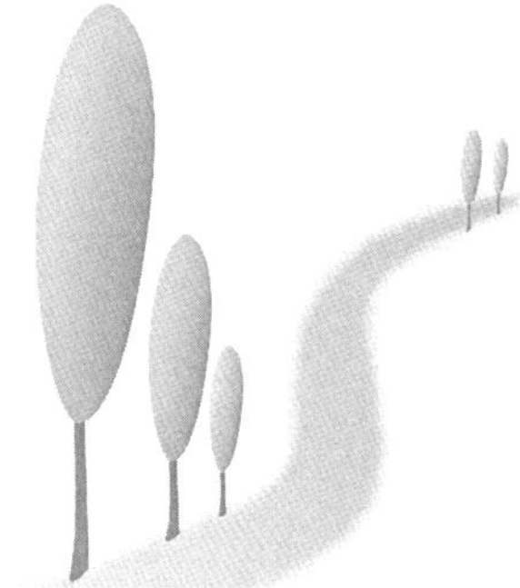

동틀 무렵의 하늘은 아름답기도 하지만 아리송하기도 하다. 뭔가 정확한 패턴도 없고 애매한 색채들이 뒤섞여, 한 마디로 형용하기가 어렵다. 하지만, 새 날의 시작을 알림과 동시에 우리의 심장이 박동할 수 있도록 무서운 힘을 실어준다. 내가 미국 비자를 신청하고 인터뷰를 하기 위해 서울에 있는 미국 대사관에 있는 동안 내내, 나의 마음은 바로 동틀 무렵의 하늘의 모습과 닮아 있었다.

미국 행을 용기 있게 결심한 두 아들은, 대사관에서 우리 인터뷰 차례가 오길 기다리며 내내 두 손에 고이는 땀을 닦으며 긴장하는 모습이었다. 아이들과 함께 인터뷰 하는 것 보다는 혼자 인터뷰에 응하는 것이 좋겠다는 판단하에, 나 혼자 영사와의 인터뷰 부스로 향했다. 영사는 내가 제출한 서류들을 단숨에 훑어 보더니(내가 제출한 서류는 정말 분량이 많았다. 미국 학교에서 날아 온 I-20 서류와 나와 남편의 은행 잔고 증명 서류, 나와 남편의 세금 납부 증명, 내가 경영했던 학원의 학생부, 예술고등학교와 대학 강사로서의 재직 증명서, 사업자 등록 증명 등등), 내게 몇 가지 질문을 던졌는데, 그게 결코 대답하기에 간단한 질문이 아니었다. 그는 미국인이었는데 한국말을 아주 유창하게 구사했다. 그는 나에게 미국 행의 목표와 결과, 아이들과의 동행의 이유, 한국의 직장과 미국에서 귀국한 후의 연관성에 대해 물어 왔다. 특히나 요즘엔 아이들의 영어 교육 때문에 엄마 혼자 아이들을 데리고 미국에 들어가고자 하는 사람들이 부쩍 늘었기에, 나는 그 누구보다도 의심의 대상이 되고도 남았다. 역시나 그는 날 의심하는 듯 했다. 나는 내 인생의 안식년을 미국 문화 체험을 하면서 보내고, 영어 공부를 통해서 내 미래를 다시 준비할 수 있는 기회를 잡고 싶다고 정말 열심히 설득했다. 그런데 아이들은 왜 동행하는가? 그 질문에, 나는 거리낌없이 내 아이들에게도 다양한 경험을 통해 생각의 폭을 넓힐 수 있는 훌륭한 기회를 주고 싶다고 했다. 그도 부모라면 내 맘을 백 퍼센트 이해할 수 있으리라 믿었다.

결과는? "공부 열심히 하고 돌아오세요. Good Luck!" 복권에 당첨된 것 같은 기분이었다. 실은 나보다 먼저 인터뷰를 끝낸 사람은 비자를 거절당했기에, 내심 내 맘은 걱정이 태산이었다.

굳센 의지와 긍정적인 마인드는 미국식 사고와 일치한다. 나는 아무런 거짓말도 하지 않았고 그저 나의 생각과 의지를 영사에게 어필했을 뿐이다. 그리고 그는 나의 생각에 동의했고, 비자를 발급해 줌으로써 내 개인의 인생을 격려해 준 것뿐이다.

시종일관 두 손을 모으고 기도를 하던 아들 둘은 돌아서서 나오는 나의 입가에 퍼져 있는 웃음을 보고 둘이 끌어 안고 난리가 났다.

"우리 엄마는 늘 운이 좋아~! 야호~!"

우리 셋의 마음은 온통 새벽 하늘의 핑크 빛, 보라 빛, 연두 빛으로 정신 없이 물들고 있었다.

Preparing

만 5년을 애정을 쏟아 경영했던 음악학원을 정리하는 일은 쉽지 않았다. 학원을 지키고 있었던 모든 물건들과 피아노 그리고 강사들과 아이들…… 나의 이기적인 선택에 의해 모두가 슬픈 이별을 경험해야 했다. 우리는 모두 음악이라는 훌륭한 매개를 통해 사랑을 나누었고 그 누구보다도 많은 시간을 공유했었다. 아름다운 추억들을 뒤로하고, 한 명 한 명의 아이들에게 마지막 레슨을 하는 내 눈에는 제어할 수 없을 정도의 커다란 눈물 방울이 맺히더니, 급기야 온 학원을 눈물 바다로 만들고 말았다.

문제는 사랑하는 남편과의 이별이었다. 우리는 만 18년을 함께 부부라는 인연을 맺고 살아왔다. 그는 늘 멀리서든 가까이서든 나만을 바라봐 주고 살아 왔다. 내가 얼마나 가난하든 부자든, 얼마나 뚱뚱하든 날씬하든, 얼마나 게으르든 부지런하든, 단 한 번의 불평을 하지 않았다. 그런 남자였기에, 이번 미국 행 또한 허락을 받기가 어렵지는 않았다. 그는 보통 남자와 달랐다. 한 여자의 인생을 아니, 자기 부인의 인생을 아주 큰 맥락에서 보고 있다. 그는 나의 인생을 보면서 유목민의 인생과 같다고 했다. 그는 그저 객관적 관점으로 내 인생을 보고 있었다. 그리고 그는 한 여인의 인생 앞에, 그녀가 선택한 행복 앞에 그의 큰 희생을 아주 작은 것으로 묻어두려 했다.

언젠가 내가 늙어서 더 이상 아무런 인생의 선택의 기회도 체력도 없어졌을 때, 그는 내 곁에서 커다란 느티나무 그림자를 드리워주고 아름다운 시를 소리 내어 읽어 줄 것이다. 내가 첫 아이를 임신했을 때 그랬던 것처럼.

미국에 오기 위해 밟아야 할 수속과 꼭 챙겨야 할 준비물

수속하기

1. 여권

미국에 오기 위한 자격을 얻기 위해 우선 여권을 만들어야 한다. 여권은 해외 여행을 할 때 신분을 증명할 수 있는 가장 중요한 수단이다.

일반여권은 사용 횟수 제한에 따라 단수여권과 복수여권으로 나뉘는데, 단수여권은 유효기간이 1년으로, 기간 내에 1회에 한해 출국할 수 있다. 복수여권은 기간 내에 횟수제한 없이 외국을 드나들 수 있으며, 유효기간이 5년, 10년의 두 종류가 있다.

일반여권은 주민등록지에 상관없이 서울시의 일부 구청과 각 광역시청, 도청 등에서 신청할 수 있다.

여권 신청에 필요한 서류(일반여권의 경우)

- 신청서 1부
- 주민등록등본 1부
- 여권용 사진 2장
- 병역의무자는 병역관계서류

2. 미국 학교 입학허가서(I-20)

I-20란 미국학교로부터 발급받은 입학허가서를 말하며, 이 서류는 어학연수, 정규유학 상관없이 동일하다. 가고자 하는 학교가 정해지면, 학교 홈페이지를 통해 미국 학교측에서 요구하는 서류를 준비하자. 보통, 입학 신청서, 입학 신청비, 입학 허가서 특급우편 발송비, 최종 학력 증명서, 여권 복사본, 영문 잔고 증명서가 요구된다. 그러나 각 교육 기관에 따라 요구하는 서류가 다를 수 있으므로 꼼꼼히 체크해서 보내도록 하자. 입학허가서는 보통 발급 신청 후 2~3주 내외로 받아볼 수 있다.

3. 비자

여권(Passport)과 미국 학교로부터 입학허가서(SEVIS I-20) 원본을 손에 쥐게 되면 유학비자 신청을 서두르자. 사증(査證) 또는 비자(visa)는 외국인에 대한 입국 허가 증명이다. 개인이 다른 나라에 가기 위해서는 여권과 함께 바로 이 비자가 있어야 한다.

비자는 보통 출발국에서 대상국의 영사관으로부터 받는데, 다른 나라에서 받을 수도 있다. 하지만 비자는 입국을 위한 전제 조건이고, 실제적으로 다른 나라에 입국하기 위해서는, 그 나라에 입국한 직후에 이루어지는 입국 심사를 통해 최종 입국 허가를 받게 된다.

주한 미국 대사관 홈페이지를 방문해 보자. 비자를 받기 위한 자세한 정보들이 알기 쉽게 등새뇌어 있으며, 인터넷을 통해서 신청 서류를 다운로드 해서 각자 기입한 후에, 나머지 필요한 서류들과 함께 동봉해서 미국 대사관으로 직접 우편으로 부치면 비자 신청이 쉽게 끝난다. 우리는 유학비자를(F1 visa, 동행하는 아이들은 F2 visa) 신청하게 되므로, 홈페이지에서 비이민비자 중에 유학비자에 관련된 자료를 검색해 보면 구체적으로 정보를 얻을 수 있다.

주한 미국 대사관 홈페이지에 가면 다음과 같은 정보를 볼 수 있다.

유학비자(F1/M1)

한국 국적 비자신청자의 구비 서류

- 미국 여행시 유효한 여권(여권 커버를 사용하지 마십시오)
  주의:국가별 개별 조약이 체결되지 않은 국가 여권소지자들은 예상하는 미국체류기간 보다 6개월 이상 유효한 여권이 있으셔야 합니다. 한국 및 몇몇 특정국가들은 여기에 해당이 되지 않습니다
- 전자 비이민 비자신청서(DS-156)를 빠짐없이 기입, 서명하고 신청자의 사진(사진규격 참고)을 붙여서 내십시오.
- 추가 비이민 비자신청서(DS-157) - 만 16~45세의 남성 신청자의 경우
- 연락처와 근무경력을 기재하는 DS-158 - 만 16세 이상의 신청자의 경우
- 신한은행 비자신청 수수료 납부 영수증. 신한은행의 전국지점에서 납부 가능합니다. 대사관 근처에도 신한은행 지점이 있습니다(약도). 부모 여권에 기재된 자녀도 미국 비자를 신청하는 경우 각 신청자 별로 비자신청 수수료 납부 영수증을 제출하셔야 합니다. 신한은행 비자신청 수수료 면제에 관한 안내는 아래를 참고해 주십시오.

- 미국 학교에서 받은 입학허가서, SEVIS I-20 원본
  I-20원본에는 미국 학교 담당자의 서명이 되어있어야 하고 비자신청자들도 신청자 서명란 부분에 반드시 서명을 해야 합니다.

  I-20는 인터뷰가 끝나면 신청자에게 돌려드립니다. 유학비자로 입국 시 반드시 손에 I-20과 여권을 함께 지참하십시오. 미국 입국 심사 시 I-20과 유학비자가 있는 여권을 이민관에게 제시하십시오. 더 이상 I-20을 봉투에 넣어드리지 않습니다.

- 적어도 처음 유학 체류기간 1년 동안의 학비와 생활비를 충당할 충분한 경제적 능력이 있음을 증명할 수 있는 재정근거 서류(예를 들어, 은행통장, 소득금액 증명서, 장학금 증명서, 등).
- SEVIS 납부 영수증. SEVIS 비용은 주신청자(F1/M1)만 납부하시는 것이고 온라인 www.fmjfee.com에서 납부 가능하십니다(이미 한번 지불하신 분들은 본인이 SEVIS 비용을 다시 지불해야 되는지를 미국무성 SEVIS 홈페이지상에서 직접 확인을 하시고 해당이 되지 않는 경우 지불하지 않으셔도 됩니다).

출처: 주한 미국 대사관 홈페이지(http://korean.seoul.usembassy.gov/)

4. 해외 여행자 보험 가입하기

미국은 의료비가 장난이 아니다. 보험 없이 병원에 갔다가는 한 두 달 생활비는 고스란히 날아가 버릴 수도 있다. 어떤 한국 사람은 맹장이 터졌는데, 보험이 없어서 수술비와 입원비가 약 천오백만 원이 들었단다. 그러므로, 보험은 무조건 가입하자.

나는 나의 미국 수속을 대행해 준 여행사를 통해 AIG 여행자 보험에 가입했는데, 미국회사라서 편했다. 미국에 와서 큰 아이가 눈병에 걸렸을 때, 병원에서 알아서 AIG에 연락해서 보험처리를 해 주었다. 작년에는 AIG가 경제적으로 어려움을 겪었는데, 미국 정부가 지원해서 아직 건재하고 있다. 자신의 예산에 맞추어서 보험을 가입하되, 커버리지를 잘 확인해 볼 필요가 있다. 왜냐하면 우리가 미국의 대학에 등록할 때, 이 보험증서를 함께 제출한다. 만약에 학교에서 요구하는 커버리지에 도달하지 않는 금액이 적혀 있을 경우에,

학교 학생 보험에 가입해야만 한다. 학교가 요구하는 보장 금액은 미국 학교에서 날아 온 자료나 홈페이지를 잘 보면 확인할 수 있다.

불행히도, 보철한 이에서 금 부분이 빠졌을 때는 이 보험의 적용을 못 받았다. 치과 부분은 제외되는 보험이었던 것이다. 보험 적용을 못 받으니 150 달러나 지불해야 했다. 치과나 안과의 보험이 적용되는 보험인지 확인하자. 치과 보장은 받을 수 있는 편이 좋은 것 같다.

5. 영문 예방 접종 내역서 준비하기

영문으로 된 예방 접종 내역서는 동네 단골 소아과나 내과에 가서 의사 선생님께 부탁드리면 금방 기입해 주신다. 유학 가는 학교에 제출할 거라고 하면, 우리의 용기 있는 선택에 격려의 말씀까지 덤으로 해 주신다. 내 것과 아이들 것을 준비해야 한다.

6. Google Earth로 우리가 가는 곳 확인해 보기

구글 어쓰(Google Earth) 사이트에 들어가면 전 세계 곳곳의 위치를 정확하게 파악할 수 있다. 그 지역의 모습도 사진으로 나타난다. 주소를 입력하고 우리가 살 집과 공부할 학교 위치를 살펴 보고 떠나자. 집과 학교가 얼마나 떨어져 있는지도 계산해서 정확히 알려 준다.

나는 미국 서부 여행을 떠나기 전에도, 우리가 방문할 모든 지역이 서로 얼마나 떨어져 있는지 계산을 해서 운전해야 할 시간과 숙소 배정을 미리 해 볼 수 있었다.

요즘은 눈부시게 발달한 과학 기술이 우리의 생활을 너무나 편하고 경제적일 수 있게 도와 주고 있다는 것을 실감하고 있다.

7. 미국에 짐 부치기

우리가 살게 될 미국 주소가 확보되면, 아이들이 꼭 읽어야 될 한국어로 된 역사책이나 과학책들과 겨울 외투처럼 부피가 많이 나가는 물건들은 떠나기 한 달 전에 미리 부치면 편하다. 나는 배 편을 이용했는데, 가격이 그리 저렴하다는 느낌은 들지 않았다. 하지만, 한 달 후에 이 곳에 도착한 짐을 풀어 보면서 정말 잘했다고 느꼈었다. 아이들은 배달된 한국 역사책과 세계 역사책을 단숨에 다 읽었다. 한국에서는 읽어라 읽어라 해도 절대로 쳐다 보지도 않던 이 책들이, 이 곳에 와서는 아이들 심심풀이로 딱이다.

만약에 주소가 확보되지 않았을 경우에는 교회나 지인의 주소로 양해를 구하고 부치면 된다.

8. 파마하기

미국은 손이 가는 모든 일이 엄청 비싸다. 머리를 손질하는 것도 엄청 고급 기술에 속하는 듯했다. 나는 여기 있는 동안 단 한 번도 미용실에 가지 않았다. 미국 생활 경비를 절약하기 위해, 미국에 오기 바로 전날에 긴 머리를 단발로 자르고 뽀글뽀글 아줌마 파마를 하고 왔는데, 1년 반이 지난 지금은 긴 웨이브 머리가 되었다. 나름대로 볼 만 한 것 같다. 아이들도 매우 단정하게 이발을 하고 이 곳에 왔었다. 지금은 내가 직접 한 달에 한 번씩 아이들 머리 손질을 해 주고 있다.

9. 홈페이지 만들기

미국에 오기 전날에 나와 아이들의 미국에서의 생활을 궁금해 할 가족이나 친구들을 위해 우리 가족의 미니 홈페이지를 만들었다. 우리나라 청소년들이 가장 손쉽게 이용하고 있는 싸이월드(www.cyworld.co.kr)에 가입을 해서, 남편과 가족들, 그리고 친한 친구들과는 일촌을 맺었다. 이곳에다 수시로 사진과 다이어리를 올려서 건강하고 행복하게 지내는 우리들의 모습을 보여주고 있다. 미니홈피 만들기는 매우 간단하다.

미국에 꼭 준비해 와야 할 것들

1. 아이들과 나의 비자 발급받은 여권
2. 나의 I-20 Form(미국 학교 입학 허가서)
3. 아이들과 나의 영문 예방 접종 내역서
4. 해외 여행자 보험증서
5. 노트북 컴퓨터(Word, PowerPoint, Excel, Publisher, Skype와 같은 프로그램은 익숙해 질 필요가 있다. 나의 숙제뿐만이 아니고, 아이들 숙제도 이러한 프로그램들을 이용하는 숙제가 많이 있다.)
6. 디지털 카메라
7. 전자사전 아이들 것과 내 것
8. 신발과 옷들(미국에서도 아이들이 쑥쑥 자라므로, 신발과 옷을 너무 많이 챙겨오지 말도록 하자. 미국의 아울렛 매장의 상품들이 한국보다 훨씬 싸다.)
9. 화장품 1년치(여기서 내 얼굴 피부에 딱 맞는 화장품을 찾기가 쉽질 않다. 화장품 고르러 다녀야 하는 시간도 아깝다.)
10. 코펠세트와 수저세트, 김밥말이 (나는 이 곳에서 냄비를 따로 구입하지 않고, 이 코펠세트로 요리도 하고, 파티도 한다. 여행이나 바비큐할 때도 요긴하게 쓰인다. 김밥말이도 집에서 쓰던 것을 가져 왔다. 여기서 사려면 돈이 아깝다.)
11. 상비약(소화제, 파스, 해열제, 상처 치료 연고, 반창고, 붕대, 밴드, 화상연고, 두통약, 지사제, 벌레 물렸을 때 바르는 약, 아토피 연고, 알러지 약. 미국은 약들도 한국보다 비싸다.)
12. 이발기구(미국은 이발비가 매우 비싸다. 나는 우리 아이들 이발을 처음부터 지금까지 직접 해 주고 있다. 하다 보면 프로가 된다. 숱 가위만 있으면 잘못 잘라도 표시가 덜 난다.)

Start

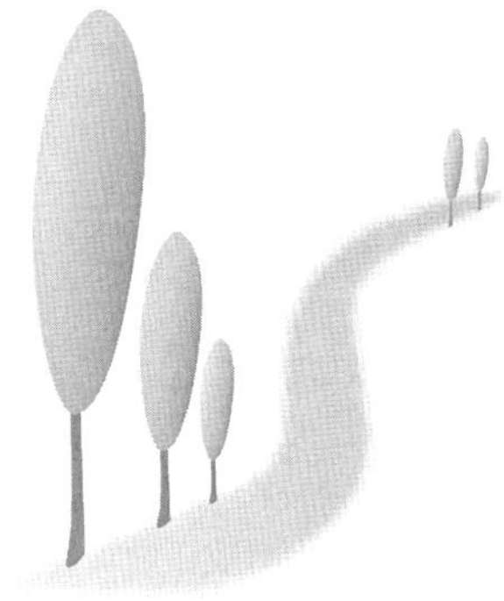

2008. 3. 6

드디어 미국 출발 하루 전이다.

예술 고등학교 학생들의 마지막 레슨을 마무리하고, 서둘러서 옷가지와 당장 가서 필요할 가재 도구들을 주섬주섬 챙겼다.

뭐 사람 사는 곳이 크게 다르겠느냐만, 왠지 예민해진다. 아이들도 그들이 만날 또 다른 세상을 기대 반 걱정 반으로 기다리고 있다. 하지만 아이들은 오히려 나보다도 훌륭한 것 같다. 나는 준비하는 내내 극도의 피로감을 느끼는데 반해, 아이들은 피곤해 하는 나를 돕고 위로해 준다. 그들은 나보다도 훨씬 강하고 긍정적이다.

친정과 시댁의 부모님들을 생각하니 마음이 편하지가 않다. 당신들이 느낄 허전함은 나의 불효로 이어진다. 가까이 살면서도 이런 저런 핑계로 자주 보살펴 드리지 못했는데, 이젠 더 먼 타국으로 떠나는 딸이, 막내 며느리가 얼마나 매정하고 원망스럽게 느껴질까. 그나마 효도하는 길은 내가 아이들과 무사히 건강하게 다녀오는 것이리라.

긴 밤 내내 침대에서 잠 못 이루고 뒤척이는 내게, 남편은 아무 말도 하지 않았다. 그저 내 얼굴과 몸을 내내 더듬거리면서 잊지 않으려고 애써 기억해 두려고 하는 것 같았다.

2008. 3. 8

내 생애에 한 번 가 볼 수 있을까 생각했던 미국에 드디어 도착했다.

부산 – 동경 나리타 – 로스앤젤레스(Los Angeles) – 유진(Eugine) 코스로 왔는데, 출발하는 당일 아침에 컨디션이 너무나 좋질 않아서 미국 행이 걱정스러웠던 반면, 아이들이 정성껏 나를 돌봐준 덕에, 오히려 내가 아이들에게 의지해서 무사히 미국에 도착할 수 있었다.

울산에서 김해 공항으로 가는 차 안에서 내내 속이 울렁거리고 머리가 아프더니 급기야 김해 공항에서 수속을 밟던 도중에 화장실로 직행하고 말았다. 몇 번을 토하고 나서야 겨우 몸을 추스를 수 있었다. 아직 본격적인 여행이 시작되지도 않았는데, 멀미를 시작한 것이 아이들 앞에서 부끄럽기까지 했다. 장시간 비행기를 타 본 적이 없는 나로서는 미국 행이란 미리부터 겁을 먹기에 충분히 먼 곳으로의 여행이었다. 비행기를 타고 동경 나리타로 출발. 역시 나는 일본이 제2의 고향이라서 인지 동경에 도착하는 순간 멀쩡해졌다. 엄마의 품속으로 돌아온 것처럼 동경 국제 공항이 나를 안아주었다. 두 시간 동안 휴식을 하고 나서 로스앤젤레스에 가기 위해 또 다시 비행기에 올라탔다.

나리타에서 로스앤젤레스까지 장장 열 시간이나 되는 비행 시간은 참으로 길고 지루했다. 다행히 좌석이 편한 좌석이었기에 이리저리 몸 자세를 바꾸어 가면서 컨디션을 유지할 수 있었다. 식사는! 정말 입맛에 맞지 않아서 거의 입에 대지 않았다.

로스앤젤레스는 초여름이었다. 참고로, 내가 입고간 옷은 토끼털 외투. 쪄 죽는 줄 알았다

공항에 내려서 국내선 터미널로 가서 유진 공항으로 갈 수속을 마치고, 배도 고프고 몸에 기운이 하나도 없어 카페를 찾았는데, 국내선 터미널에는 아무리 찾아도 가게가 없네. 이 사람 저 사람에게 카페를 가르쳐 달라고 해서, 결국 다시 국제선 터미널에 돌아가서 (엄청 걸었

다. 힘이 없어서 더 멀게 느껴졌을 것임) 간식과 딸기 스무디를 사 먹었다.

아이들이 이때부터 컨디션이 안 좋아져서 공항 카페에서 세 시간을 재우고, 다시 국내 선 터미널로 옮겨서 보안검색을 받고, 유진행 비행기를 탔다. 이 때 우리가 받은 보안검색은 다른 미국인들과 달랐다. 따로 섬세한 조사를 하는 듯했다. 쫌~! 기분이 나빴다. 왠지 차별대우 받는 그 느낌! 사실 로스앤젤레스에서도 기분이 나빴는데, 좀 더!!

하지만, 무사히 유진(Eugine)행 비행기를 탔는데, 이 비행기가 재미있었다.

이렇게 작은 비행기는 난생 처음 타 봤다. 좌석이 한 50석도 안되 보였다. 큰 아이 말을 빌리면, 이 비행기가 조금만 더 작았다면 폐소공포증 걸리겠단다~~

에피소드 한 가지!

남자 승무원이 쥬스를 권해서 애플 쥬스를 받았는데, 너무 많이 줘서 다 먹을 수가 없었다. 컵 수거 하러 온 승무원에게 쥬스가 남아 있는 채로 컵을 건네니, 천천히 마시라면서, 컵을 안 받는다. 너무 많아서 더 마시기 싫다는 말을 하려고 했는데, 승무원은 그냥 쌩~ 가버린다. 내가 영어로 한 마디 하려면 1분 생각, 1분 문법 체크, 1분 머뭇거림, 총 3분 이상은 필요한 상황. 이 상황이 날 아주 불편하게 만들었다. 그냥 억지로 꾸역꾸역 쥬스를 마시고 나니 화장실이 급해졌는데, 착륙한다고 화장실도 못 가게 한다. 식은땀이 흘러서 죽을 것 같았다.

우여곡절 끝에 오리건 주(Oregon State)에 있는 코발리스(Corvallis)에 무사히 도착했다. 비행기에서 내려다 보이는 풍경이 로스앤젤레스와 무척이나 달랐다. 이 곳은 정말 사랑스러운 곳이다. 자연과 예쁜 집들이 동화 속 아기자기한 그림과 같다. 맛있는 산소(Oxygen)라는 것이 바로 이곳에 있다. 공기가 너무나 맛있다. 기온도 한국과 비슷해서 쉽게 적응될 것 같다. 밤인지 낮인지도 모르고 잠에 취해 있는 아이들을 깨워서 밥을 먹여야겠다.

우리 셋을 기꺼이 반겨준 미국에 진심으로 감사하며, 우리를 끊임없이 걱정했을 남편에게도 사랑한다고 전하고 싶다.

2008. 3. 11

오전에는 아이들이 다니게 될 학교에 상담하러 다녀왔고, 오후에는 휴대폰과 통장을 개설했다.

아이들은 내가 유학비자를 가지고 있어서, 공립학교에 무료로 다닐 수 있다. 만약에, 부모가 미국에서 활동하지 않을 경우에는, 외국에서 입국한 아이들은 사립학교에 돈을 내고 다녀야 한다. 내 아이들이 다니게 될 학교는, 후버 초등학교(Hoover Elementary School)와 쉘드린 중학교(Cheldelin Middle School)인데, 학교들이 넓디 넓은 초록 잔디 위에 자리잡고 있어서, 학교마저도 자연의 일부처럼 느껴졌다. 아이들도 여유로워 보였고, 선생님들도 서두르지 않았고, 아주 친절하게 우리를 반겨주셨다. 한편으로는 걱정이 되다가도, 학교 분위기가 맘에 들어서 안도감을 가지게 된다. 학교 선생님들은 한국 아이들에게 아주 친숙한 듯했다. 이미 이 두 학교에 다니고 있는 한국 학생들도 몇 있는 것 같았다. 두 아들이 미국 아이들과, 그리고 한국 아이들과 함께 지내면서, 건강하고 폭넓은 생각을 가지게 되기를 진심으로 기도한다.

오후에는 Verizon이라는 휴대폰 회사에서 휴대폰(여기서는 셀폰 이라고 부른다)을 개설했다. 가장 싼 패키지를 선택했는데, 전화기는 삼성에서 만든 것으로 무료이고, 매달 40 달러 정액요금제. 미국에서는 삼성과 LG가 휴대폰 시장을 점령하고 있다. 휴대폰이 우리나라 경제를 먹여 살린다더니 정말 미국에서 실감하게 된다.

은행계좌 개설도 재미있었다.

은행이자는 우리나라보다 훨씬 낮았다. 높은 이자라고 설명해 주는 상품이 고작 1~2프로! 우리나라는 5~6프로! 우리나라 좋은 나라^^. 현금지급기 사용법도 배우고, 인터넷 뱅킹 방법도 배웠다. 은행 직원들도 외국인을 대하는 모습이 능숙해 보였다.

영어가 거의 불가능한 수준인 나였기에, 이 모든 업무들의 처리에 오리건 주립대학에서 포스트 닥터를 하고 있는 신 박사님께서 도움을 주셨다. 그는 영어와 미국 생활에 아주 익숙해져 있었다. 정말 부러웠다.

모든 일을 끝내고, 한국 음식이 너무 먹고 싶어졌다. 곧장 한국식당으로 가서 된장찌개를 실컷 먹었다. 된장찌개가 이렇게 맛있는 음식인지 꿈에도 몰랐다.

밤이 되니 왠지 맘이 무겁다. 이제 비로소 시작이라는 느낌이 들떴던 기분을 가라앉힌다.

2008. 3. 14

오늘부터 내 사랑스런 아이들이 학교에 다니기 시작했다.

어제 내내 학교에 가고 싶지 않다고, 두려움에 가득 차 흐느껴 울던 둘째의 모습이 맘에 걸려서, 아침에 아이와 함께 등교해서 담임선생님과 인사하고, 학교를 함께 둘러 보고, 우리 아이 잘 보살펴 달라는 부탁을 남기고 돌아왔다.

우리 둘째는 너무나 씩씩하고 자신감이 충만한 아이라, 전혀 걱정하지 않고 있었는데, 어제와 오늘 내게 보여준 아이의 흐느낌과 두려움은 내 마음까지 불안하게 했다. 막상 말이 통하지 않는 미국 학교엘 가야한다고 생각하니 겁이 많이 났던 모양이다.

반면에, 우리 첫째~! 정말 멋진 아이다~!!

엄마, 난 전혀 부끄럽거나 두렵지 않으니, 걱정 말라면서 두 주먹 꽉 쥐고 학교로 들어간다.

사실 난 내심 큰 아이를 무척이나 걱정하고 있었다. 둘째와 다르게 늘 조용한 아이라, 내성적이고, 자신감도 없을 것이라는 생각은 그저 나 혼자만의 우려일 뿐이었다. 한이는 무슨 일이든 혼자 깊이 생각하고, 혼자 마음을 다지는 그런 훌륭한 아이였다. 나처럼 여러 사람에게 의지하려 하거나, 남에게 인정받으려고 애쓰는 그런 욕심꾸러기가 아닌 것이다. 그저 묵묵히 여러 현상들을 바라볼 줄 알고, 자신의 생각 속에서 옳고 그름을 신중하게 판단할 줄 아는 아이임에 틀림없다. 어제 밤에는 난방 기구 때문에 전력에 과부하가 걸려서 정전이 되었는데, 어두운 방에서 어쩔 줄을 모르는 나에게 한이가 걱정 말라면서 집안 구석 구석을 한참 뒤지더니, 두꺼비집을 찾아내어 주었다. 나보다 더 어른같이 행동해 주고 있는 한이가 참으로 대견스럽고 고맙다.

겁에 질려, 두려움에 질려 하루 종일 식은 땀을 흘렸을 둘째 아들 유를 위해, 응원의 편지를 써서, 아이가 잘 볼 수 있도록 식탁 위에 놓아 두었다.

사랑하는 우리 막내 유~!

엄마는 네가 얼마나 훌륭한 사람인지 잘 알고 있다. 넌 지금까지 한 번도 힘든 일을 힘들다고 한 적이 없단다. 늘 엄청난 인내심과 에너지로 모든 것을 극복해내는 널 엄마는 보아 왔단다. 넌~! 미국생활도 멋지게 해낼 수 있다는 걸 엄마는 이 세상 누구보다도 잘 알고 있단다. 겁먹지 말고 당당하게! 너의 그 환한 미소로, 네게 다가오는 멋진 세상을 반겨 맞이하렴*^^*

내 사랑스런 아가, 사랑해!

내일 차를 사면, 내가 스스로 해결할 수 있는 일들은 스스로 해 보려고 한다. 미국은 땅이 너무 넓어서 차가 없으면 발이 묶인다. 이 곳은 택시도 없고 (콜택시만 있다), 버스도 한 시간에 두 대 정도만 운행된다. 역시 시골은 시골인가 보다.

내가 빨리 해결해야 할 일은 미국 운전 면허를 따는 일이다. 국제 면허증으로 보험가입을 하면, 보험료가 아주 비싸다. 그리고 미국 운전 면허증을 따게 되면, 면허증을 신분증으로 쓸 수 있어서 편리하다.

다음 주에는 오리건 주립대학(Oregon State University)에 가서 내가 공부하게 될 어학 연수 프로그램에 등록하고, 레벨 테스트 준비도 해야한다. 이 곳의 랭귀지 스쿨은 할 것이 아주 많은 곳으로 손꼽힌다고 하는데, 열심히 해서 제대로 영어를 공부하고 싶다. 어제 랭귀지 스쿨의 마지막 단계에서 공부하고 있는 한국 학생을 만났다. 레벨 테스트(Placement Test)에 관한 어드바이스를 들었는데, 독해시험(Reading)은 시간이 길어서 꼼꼼히 읽고 풀면 되고, 듣기 시험(Listening)은 세 번씩 들려주니 정신차리고 듣고, 에세이(Writing)는 서론 한 패러그래프, 본론 세 패러그래프, 결론 한 패러그래프 정도로 계획적으로 작성하란다. 에세이의 주제는 보통 청소년 교육이나 환경문제, 도시가 좋으냐 농촌이 좋으냐…… 등등 비교적 쓰기 쉬운 내용이 제시된단다.

영어 공부에서 손을 놓은지가 근 이십 년 가까이 흘러서 큰 기대는 할 수 없겠지만, 어쨌든 최선을 다 해 보자. 나 자신에게 파이팅~!!!

2008. 3. 15

학교에 다녀온 아이들은 숨 돌릴 겨를도 없이 줄줄이 학교 이야기를 쏟아낸다. 별 것이 다 신기하고, 별 것이 다 재미있다. 활짝 웃으며 이야기 하는 아이들 얼굴에서 안도감이 느껴진다.

휴~~! 다행이다.

막내 아들 유는 영어 이름을 Jacob(성경에 나오는 이름, 야곱)이라고 짓고, 첫째 아들 한은 John (성경에 나오는 이름, 요한)이라고 지었다. 우리를 도와주고 계시는 신박사님의 성경 공부 모임에서 이름을 지어 주셨다. 나는 성경도 잘 모르고, 교회도 잘 모르지만, 여하튼 훌륭한 사람들의 이름을 땄으니, 아이들도 기쁘게 느낄 것이다.

오늘은 오리건 주립 대학에 다녀왔다. 3월 30일에 시작될 수업의 등록을 위해 다녀 왔는데, 수업 시작하기 일주일 전에 다시 오란다. 내가 너무 일찍 갔나? 하여튼 준비성 좋은 학생이라는 선입견(?!)을 갖게 해 버렸다.

여기는 날씨가 희한하다. 하루에도 몇 번이나 비가 왔다가 그쳤다가 한다. 이 곳 사람들은 이 날씨에 적응되어 있어서인지, 우산도 안 쓰고 내리는 비를 그냥 맞고 다닌다.

대머리 되겠다~~!

2008. 3. 19

오늘 아침에는 처음으로 운전을 해서 아이들을 학교에 데려다 주었다.

이틀 전에 구입한 우리의 AZERA(미국에서 판매 되는 현대차 그랜저의 다른 이름, 한국 아줌마의 깎기 근성을 발휘, 한국에서의 차 값의 반 값에 구입할 수 있었다. 물론 같이 동행해 주신 분들의 탁월한 영어 실력도 크게 도움이 되었다.)의 운전석에 앉아서, 핸들을 꽉 붙잡고 식은 땀을 흘리며, 익숙하지 않은 길들을 조심조심 운전해 갔다.

미국 법규 중에는 비보호 좌회전과 우회전이 있다. 그리고, STOP 사인이 곳곳에 있고, School Zone(학교 지역)에서는 20마일로 기어 가야 한다. 그리고, 시내에서는 제일 높은 속도가 35마일이다. 한국에서 난폭 운전하는 사람은 여기 오면 양반이 될 것 같다. 아무리 느리게 다녀도 빵빵거리지 않는다. 물론, 대도시에 가면 다르겠지만, 이 곳은 시골이기도 하고, 노인들이 많이 거주하고 있어서인지, 사람들이 아주 여유롭다. 백발 노인들이 몰고 다니는 고급 승용차를 쉽게 볼 수 있다.

미국 사람들은 철저하게 개인주의인 듯 하면서도, 남을 참 많이 배려하고, 있는 그대로 봐주는 듯하다. 경쟁이 치열한 우리나라 분위기와는 사뭇 다른 것 같다. 여기 살고 있는 유학생들이나 연구원들은, 열이면 열이 여기서 평생 살고 싶다고 하는 걸 보면, 이 곳 코발리스(Corvallis)는 좋은 곳임에 틀림없다.

남편의 지인이 소개해 준 곳이라, 나는 아무런 고민도 하지 않고, 한 번에 오기로 결정했는데, 남들은 열심히 사전 조사해서 이 곳을 선택해 온 듯 했다. 이 곳은 소비세가 없고, 아주 안전하고, 공립학교 교육도 최상급이라고 한다.

그러나 나는 아직 잘 모르겠다.

2008. 3. 20

아이들이 어제 밤에는 힘들다고 하면서 두 시간을 내리 울고 있었다.

이 녀석들, 이 눈물들이 자신을 엄청나게 크게 하는 눈물임을 언젠가 느끼리라. 따뜻하게 안아주다가 결국엔, 꿋꿋하게 남자답게 이겨내라는 말로 마무리를 하고, 울다 지쳐 깊이 잠에 골아 떨어진 아이들을 한참을 바라보는데, 내 눈에서도 뜨거운 눈물이 서너 방울 뚝뚝 떨어진다.

2008. 3. 21

사랑스런 아이들...

맘껏 울고 났더니, 한결 기분이 가벼워졌는지, 학교에서 영어 엄청 많이 썼고, 미국인 친구도 다섯 명이나 사귀었다고 자랑을 한다. 미국 아이들이 하는 놀이에도, 룰도 모르면서 곧잘 참여하는 것 같다.

유는 포 스퀘어(Four Square)라는 놀이를, 한은 미식 축구(American Foot Ball)를 아이들과 잘 하는 듯했다. 남자 아이들은 운동을 하면서 서로 가까워지는 것 같다.

어제는 저녁에 아이들 스트레스도 풀어줄 겸 해서, 버거킹(Burger King)에서 맛있는 햄버거도 먹고(이 곳의 햄버거는 엄청 커서, 햄버거를 먹고 있는 아이들의 얼굴이 햄버거에 가려져서 보이지 않을 정도였다.), TJ Max라는 곳에서 가방과 운동할 때 쓸 공도 사 주었다. 아이들이 참 즐거워 보여서, 나도 기분이 좋았다.

이제 아이들 숙제가 본격적으로 나오기 시작했다. 처음엔 영어 튜터를 붙여 주려 했는데 스스로 해결하는 힘을 길러주려고, 튜터 없이 혼자 해 보라고 했더니, 꽤 잘 해내고 있다. 물론 문법적으로나, 내용 면에서 아이들 스스로 한 숙제가 얼마나 불완전하고 엉성할 지는 보지 않아도 뻔하지만, 미약한 힘이나마 스스로 했다는 데 의미가 있고, 모든 일을 스스로 계획하고 추진할 수 있었다는 것에 학습과 탐구의 진정한 의미가 있다는 것을 알게 해 주고 싶었다.

여기 학교도 수준별 학습이 이루어지고 있어서, 자기만 열심히 하면, 시간이 걸려도 차근차근 단계를 밟아서, 아주 높은 수준의 교육을 받을 수 있다. 물론, 우리 아이들은 영어가 부자연스럽기에, 높은 단계 수업은 아직은 그림의 떡이다. 하지만, 나는 개의치 않는다. 아이가 잘 소화할 수 있는 기초 단계부터 차근차근, 정확하게 학습해 가기를 원한다.

이제 길눈이 조금씩 트여서 살 것 같다.

내가 새로운 길을 익혀 가는 것처럼, 아이들도 자기네들의 세상에서 가야 할 길을 차근차근 잘 익혀 갈 수 있도록 두 손 모아 기도한다.

2008. 3. 23

처음으로 한인교회에 가 보았다.

평소에 교회에는 무관심했던 터라 이 곳에 와서도 교회에 나갈 생각은 없었다. 그런데, 여기에서 교회를 안 나가면 은둔생활이 되는 것 같다. 서로 많은 정보를 아낌없이 주고 받고, 어려울 때 무상으로 서로를 돕는 듯했다. 교환 교수님 가족들이 가장 많았고, 나처럼 아이들을 데리고 혼자 유학 나와 있는 엄마도 보였다. 미국 현지에서 평생을 사신 분들도 계시고, 이 곳에서 태어나서 한국말보다는 영어가 유창한 아이들도 있었다.

오늘은 부활절이라, 점심식사를 아주 거하게 얻어 먹고 왔다. 한국에서도 바쁘다는 핑계로 아이들에게 잘 만들어 줄 수 없었던 잡채, 부침개, 김치 겉절이...

교회에 다녀와서는 아이들과 한가로운 오후를 보내고 있다. 미국이 이제는 두려운 나라가 아닌 듯하다. 한이가, 엄마도 학교에 다니면, 영어가 팍팍 늘 거라며, 오히려 날 걱정해주고 격려해 준다. 유도 친구들과 닌텐도를 매개로 금방 친해진 것 같다. 닌텐도~! 내가 2년을 안 사주고 버텼었는데, 여기서는 친구들 대화에 낄 수가 없네~!! 어쩔 수 없이 사주긴 했는데, 닌텐도 중독이 되지 않도록 신경 써야 할 것 같다.

아이를 기르는 일......

끝없는 걱정과 기도 속에 숨어 있는 안개 속 희망이다..

2008. 3. 24

오늘부터 일주일간 Spring Break라고 해서, 미국 학교의 봄방학이다.

아이들은 내심 부담스런 학교에 가지 않는 것이 참 좋은 모양이다. 맘이 가벼워 보였다. 한국에서는 운동하는 걸 별로 즐기지도 않던 아이들이, 요즘엔 농구에 취미가 붙었다. 어제 농구공을 하나 사 주었더니 어딜 가나 손에 농구공이 붙어있다. 심지어는 집안에서도 농구공으로 패스 연습을 한다.

오늘은 오전에 Boys & Girls Club이라는 곳에 아이들을 데려갔다. 이 곳은 아이들이 자신이 원하는 것을 하면서 놀 수 있는 곳이다. 공부를 해도 좋고, 책을 읽거나 그림을 그리고, 만들기를 해도 좋고, 당구나 탁구, 농구를 해도 좋은 그런 자유로운 공간이다. 일 년간 사용료가 25달러밖에 되지 않는다. 간식도 그리 푸짐한 메뉴라고는 볼 수 없지만, 아이들의 허기를 채울 수 있을 정도의 간식이 나온다. 맞벌이 부부의 경우에는, 아이들이 방과 후에 이 곳을 이용할 수 있어서 아주 도움이 된다. 스쿨 버스가 아이들을 학교에서 이 곳으로 직접 데려다 준다.

나도 랭귀지 스쿨이 본격적으로 시작되면, 아이들 하교 시간에 맞추어서 귀가할 수가 없기에, 아이들이 방과 후에 이 곳에서 놀 수 있도록 등록을 할 생각이었다.

처음이라 낯설었는지, 아이들이 그리 적극적이지 않더니, 농구를 할 때는 혼신을 다해서 놀았다.

점심식사로 카레 빵이 나왔는데, 입맛이 영 맞질 않아, 한이는 좀 먹는 듯 했는데, 고집 센 둘째는 입에도 대질 않았다. 점심을 굶은 유는 집에 와서 한국 라면을 정말 맛나게 단숨에 먹어 치웠다.

2008. 3. 25

아이들을 이곳 저곳 데리고 다니면서, 아이들이 좋아할까, 아니면 어쩌지 늘 걱정이다..

우리 막내가 밖에서 잘 놀다 집에 돌아와서 또 울었다. 봄 방학이 끝나면 학교에 가야 하는데, 걱정이 이만 저만이 아닌 듯했다.

문제는 같은 학교에 다니는 한국아이들이다. 녀석들.. 어린 것들이 벌써 텃세를 부리는 모양이다. 남달리 자존심과 자긍심이 강한 아이라, 여기에서 주류에 끼지 못하는 것이 참기 어려운 모양이다. 앞으로 몇 번이나 더 울어야 될 지, 내가 아이들을 참 힘들게 하고 있다는 자책감에 맘이 무겁다.

사랑하는 내 아들, 유~!

언젠가 이토록 힘든 순간들을 추억으로 이야기할 수 있을 때가 오면, 꼭 우리 훌륭한 일을 해 냈다고 서로 칭찬해 주자~!

그리고, 언제나 너를 지켜주는 엄마가 있다는 것을 기억해~~!!

엄마는 언제나 네 편에 서 있단다^^

2008. 3. 30

내가 다니게 될 오리건 주립대학교 ELI(English Language Institute, 2009년부터 INTO OSU로 명칭이 바뀌었음)의 웰컴 파티가 있었다.

봄학기(Spring Term)에 등록한 학생들을 위한 파티였다. 한이와 유를 데리고 참가했는데, 아이들과 함께 동행한 학생은 나 뿐인 듯 했다.

그 곳에서는, 학교에서 일어날 일들과 수업 내용, 편의 시설 등을 알아듣기 쉽게 설명해 주셨다. 쿠키 몇 조각과 사과 쥬스를 마시고, 같이 수업 받게 될 학생들을 찬찬히 살펴 보았다. 역시 한국 사람들이 제일 많았다. 영어에 대한 열의는 우리나라가 제일 강한가 보다.

자세히 보니, 나보다 더 나이가 많아 보이는 중국 아줌마도 보였다. 내가 나이로는 2등쯤 되는 듯 했다. 좀 부끄러운 일일 수도 있는데, 왠지 난 하나도 부끄럽지가 않다. 아이들과 같이 가서도 아주 당당하고 즐겁게 나와 내 아이들 소개도 하고, 사람들과 이야기도 나누었다.

다녀와서는 며칠 전에 아시안 마켓에서 사 두었던 삼겹살을 구워서 쌈에 싸서 맛있게 먹었다. 한국에서는 특별한 메뉴가 아니었는데, 여기에서는 눈물 나게 특별한 메뉴다!

내일은 레벨 테스트를 본다.
차분하게 잘 봐야겠다. 파이팅~!!!

2008. 3. 31

아침 여덟 시부터 시작된 레벨 테스트는 그야말로 집중력과 인내심 테스트였다.

Essay, Oral Test, Listening, Reading Test가 순서대로 진행되었는데, 이것이 만만치가 않았다. 근 이십 년 만에 보는 영어시험이라 더 그렇게 느껴졌으리라.

에세이는 타문화 민족과의 결혼에 대한 견해를 써 보라는 문제였는데, 시간은 삼십 분밖에 주어지지 않았다. 나는 개인석으로 국제 결혼에는 반대의 견해를 가지고 있어서, 서론(Introduction), 본론(Body), 결론(Conclusion)의 순서로 조목조목 예를 들어서 내 의견을 서술했다. 문법도 개의치 않고, 아는 단어들을 총동원해서 그야말로 한국말 문법에 맞추어서(?) 맘껏 써 내려갔다. 땡~하는 순간까지 최선을 다해서 영작했는데, 결과는 과연~?(내일 알게 됨)

그 다음에 이어진 말하기 테스트(Oral Test)는 내 전공 분야인 음악에 대해서 깊이 있는 질문을 받았고(내 면접관이 음악에 심취해 있는 사람이어서 아주 많은 이야기를 주고 받았다. 물론 콩글리쉬로~^^, 거의 기초적인 단어의 열거라고 보면 됨), 그리고 나서, 도시 계획에 관련된 간단한 지도를 보여주면서, 어디가 공항 위치로 적합한가를 생각하고, 그에 대한 이유를 논리적으로 말해보라고 했다. 그림에는, 농장, 아파트, 기찻길, 호수가 있었는데, 나는 호수와 아파트는 공항 곁에 있으면 오염되거나 소음 공해가 있을 수 있기 때문에 피하는 것이 좋겠다고 이야기 했다.

듣기(Listening)와 읽기(Reading)는 컴퓨터로 보는 시험이었다.

듣기(Listening)는 아주 쉬운 문제에서 아주 어려운 문제까지 골고루 섞여 있었는데, 답 고르기가 애매한 것들이 아주 많았다. 문제는 세 번까지 반복해서 들을 수 있어서 많이 도움이 되었다.

읽기(Reading)는, 딱 우리 나라 학생들이 보는 수능 시험 수준인 것 같다. 읽기는 시간이 충분히 주어져서, 서두르지 않고 차분하게 풀 수 있었다.

레벨 테스트 후에, 오후에 신입생 오리엔테이션이 있었는데, 경품 추첨에서 내 번호가 맨 처음에 당첨되어서, 오리건 주립 대학 마스코트 이름이 새겨져 있는 열쇠 고리와 스티커를 선물 받았다. 시험 때문에 바짝 긴장했던 맘이 스르르 녹아 내렸다.

2008. 4. 1

팀버 힐(Timber Hill)에 있는 타운 하우스로 이사를 했다.

나를 감동시킨 것은 주소! 우리 집 주소가 3154 NW (North-West) Shooting Star Drive이다. 우리말로 빈역하년, 별똥별 거리?! 너무나 로맨틱하고 아름다운 이 주소에 사는 것만으로도 동화 속 주인공이 된 것 같다. 집도 밝은 노란색 페인트가 칠해진 아주 아름다운 집이다. 집 바로 옆에는 근사한 산책길이 있는 공원도 있다. 한국 가족이 살던 집을 연이어서 살게 되어서, 비교적 싼 가격에 렌트할 수 있었다. 한국에서 아파트 생활만 해 본 아이들은 주택에 살게 되었다는 사실만으로도 흥분되어 있는 듯 했다.

2008. 4. 3

미국에 와서 한 달도 채 안되어서, 모든 환경이 다시 바뀌었다.

아이들도 등하교 길이 바뀌고, 방과후에 Boys and Girls Club이라는 곳에 가서 또 적응해야 했다. (미국에서는 만 12세 이하는 혼자 집에 있으면 안 된다. 그래서 아이들을 방과후에 클럽활동을 하도록 해 두었다.)

랭귀지 스쿨의 레벨테스트 결과가 예상보다 너무 높게 나와 버렸다. 신입생이 들어갈 수 있는 레벨은 레벨 1부터 5까지 인데, 난 레벨 4를 배정받았다. 각 레벨은 3개월(약 11~12 주) 동안 진행된다. 영어 실력이 부족한 나에게는 수업 시간에 더 많은 집중력이 요구되었고, 과제 또한 해결하기가 만만치 않았다. 집중하는데 필요한 에너지 소비는 나를 기진맥진하게 만들었다.

오늘은 아침에 학교에 갔다가 점심 때 집에 와서, 가스, 전기, 전화, 케이블TV, 변기 수리, 인터넷 연결을 두 시간에 걸쳐서 해결하고 - 부족한 영어 때문에, 한국이었으면 삼십 분에 다 끝낼 수 있는 일을 두 시간이나 걸려서 해결했던 것 같다. 주소 말하기와 시간 예약, 그리고 네이티브 스피커의 전화 목소리를 알아 듣기는 내 몸의 땀을 모두 배출시키기에 충분한 스트레스였다. - 다시 학교 수업을 듣기 위해, 기진맥진한 몸을 이끌고 숨돌릴 틈도 없이 대학으로 향했다. 학교에서 집에서 쉼 없이 이어지는 영어의 홍수는 정말 날 배고프게 했다.

모든 일과를 끝내고, 내가 체력이 떨어질 때마다 곧잘 챙겨 먹곤 하는 미역국을 끓여서 허겁지겁 먹었다.

모든 것이 이제부터 시작이라는 두려움이, 앞으로 이 미지의 세상을 어떻게 버텨 나갈 수 있을지 내 어깨를 바위처럼 짓누르고 있었다.

Survival in America

1 미국 집 렌트하기

미국에 들어오기 전에 미리 미국에 살 집을 렌트해 두면 마음이 편하다. 살고자 하는 지역에 아는 사람이 있으면 부탁해서 우리의 조건에 맞는 아파트나 주택을 알아봐 달라고 하자. 만약에 아는 사람이 정말 한 명도 없을 때에나 혹은 아는 사람이 있어도 부탁하기에 부담스러울 땐, 가고자 하는 지역의 한인 교회를 통해 정보를 모으자. 보통 지역별 한인교회들은 홈페이지를 인터넷 상에 올려놓고 있어서, 매우 쉽게 찾아가 볼 수 있다.

이 곳에 와서 직접 눈으로 보고 확인한 다음에, 집을 정하고 싶으면, 호텔에서 며칠 묵으면서 직접 발품을 팔거나, 가제트타임즈(Gazette times)와 같은 지역 신문을 참고해도 많은 정보를 얻을 수 있다.

마음에 드는 곳이 있으면 전화나 이메일로 가계약을 한 다음, 실제 계약은 우리가 미국에 들어가서 사인을 하면 완벽하게 렌트가 성립된다. 계약은 월 계약이나 연 계약을 선택할 수 있는데, 일 년 단위로 계약을 하면 약간의 할인을 해 준다. 하지만, 나의 경우는 월 계약을 선택했었다. 살다가 더 저렴하면서도 마음에 드는 집이 생기면 바로 짐을 뺄 수 있는 장점이 있기 때문이고, 또, 미국 생활이 내 적성에 영 맞질 않다고 판단되면, 한국으로 미련 없이 떠날 수도 있다는 생각 때문이었다.

집에 관한 정보를 모을 때 집 구조와 렌트비 이외에 따져 보아야 할 항목들이 있다. 우선, 아이들의 학군이다. 미국에서의 공립학교들도 지역에 따라 수준이 모두 다르다. 가능하면 괜찮은 미국사람들이 주거하고 있는 지역에 들어가서 사는 것이 아이들에게도 좋은 교육 환경을 제공할 수 있다. 보통 아이들은 집 주변에 있는 학교에 가게 되므로, 잘 알아보자. 그 다음에는, 주거에 필수적인 가스, 전기, 수도, 쓰레기 분리 수거, 케이블 텔레비전, 인터넷 등의 설치여부와 지불여부를 알아봐야 한다. 어떤 곳은 인터넷은 무상으로 들어오는데, 케이블 텔레비전이 들어오지 않고, 또 어떤 곳은 렌트비는 아주 저렴한데, 다른 모든 경비는 사는 사람이 지불해야 하므로 주거에 들어가는 경비가 예상을 웃돌게 된다.

참고로, 나는 이곳에서 타운하우스(2층짜리 두 세 집이 한 동으로 붙어있는 집)에도 살아 보았고, 아파트 단지에서도 살아 보았다. 타운하우스는 렌트비가 아파트 단지에 비해 훨씬 비싸고, 가스, 전기, 수도, 쓰레기 분리 수거, 인터넷, 케이블 텔레비전, 전화 등의 모든 비용을 사는 사람이 부담해야 한다. 반면에, 지금 살고 있는 아파트 단지는, 수도세와 쓰레기 분리 수거비를 아파트에서 지불해 주고 있고, 공짜로 이용할 수 있는 부대 시설들이 많다. 바베큐를 할 수 있는 곳과 파티룸도 있고, 실외 수영장과 휘트니스 센터도 있다.

나는 환율이 급격하게 올랐을 때, 과감하게 이 곳 아파트 단지로 이사 왔다. 이전에 살던 타운하우스를 계약할 때, 월단위로 계약을 했었기 때문에 아무런 제약 없이 이사 나올 수 있었다.

2 휴대폰 만들기

미국에 오면 제일 먼저 해야 할 일이 휴대폰 만들기이다. 어딜 가나, 미국 국내의 연락처를 요구하는 곳이 많기 때문에, 미국 땅을 밟자 마자 휴대폰을 만들도록 하자.

한국에서 미국으로 올 때, 한국 휴대폰을 로밍 서비스를 신청해서 오는 사람들이 많이 있는데, 나중에 가격을 비교해 보고는 모두가 이 곳 휴대폰으로 전환하곤 한다. 여기에도 몇 곳의 휴대폰 회사들이 있어서 서비스와 가격을 따져본 후에 자기에게 가장 알맞은 휴대폰 회사를 정하는 것이 좋다. 휴대폰 회사는, Verizon, T-Mobile, AT&T, Sprint 등이 있다.

나는 Verizon이라는 회사의 서비스를 이용하고 있는데, 미국 전역에서 사용할 수 있는 서비스를 선택하고, 월 정액제 패키지 상품 중 가장 저렴한 상품을 가입했다. 이 상품은 문자 서비스 가격이 포함되어 있지 않고, 같은 Verizon회사 서비스를 이용하고 있는 전화번호끼리의 통화는 무료이며, 일요일에는 어떤 통화든 국내통화는 무료이다. 물론, 폰은 공짜 폰부터 비싼 멋진 폰까지 맘대로 고를 수 있다. 나는 공짜 폰을 쓰고 있는데, 겉 모양이 화려하진 않지만 전화 걸고 받기에는 만점이다. 가입 시에 보증인 사인이 필요하고, 집 주소와 보증금이 필요하다. 나는 수입이 없는 학생이라서 보증금을 보통 사람들보다 더 많이 요구했다. 나는 400불을 보증금으로 지불했었는데, 꼬박꼬박 밀리지 않고 매달 요금을 내면, 신용도를 얻게 되어서, 사용 시작 일로부터 1년 후에 400불 보다 20불 정도 더 쳐서 돌려 받게 된다. 그런데, 보통 의무 가입 기간이 2년 약정이라, 2년 내에 해약을 할 경우에는 약간의 해약 수수료를 내야 한다.

그리고, 또 다른 방법으로는, 프리패이드(Prepaid) 휴대폰을 구입해서 사용하는 방법이 있다. 맨 처음에 구입하는 폰 기종에 따라 지출되는 돈이 다르지만, 싼 폰은 20달러 정도에도 살 수 있다. 폰에 미리 일정 금액을 충전해 두었다가, 충전되어 있는 돈이 떨어져 갈 때, 핀 번호가 찍혀 있는 카드를 가게에서 사서 다시 충전해서 쓰는 방법이다. 이 방법은, 전화를 할 일보다 받을 일이 많을 때 도움이 된다. 통화당 요금은 월 정액제에 비하면 조금 더 비싸다.

나는 아이들이 집에 있을 때, 나의 전화를 받거나 급할 때 내게 통화할 수 있는 수단으로, 프리패이드 휴대폰을 집에 두고 사용하게 했다. 집 전화를 컴캐스트(Comcast, 전화, 통신회사)에 신청해서 쓰면 매월 50-70 불을 전화비로만 꼬박꼬박 내야 한다. 하지만 프리패이드 폰은 우리 집 기준으로 한 달에 약 20불 정도면 충분하다.

전화상에 문제가 생기거나, 이사를 하거나 하면 직접 가입한 매장에 가서 의논할 일이 있을 수 있으므로, 가능하면 집이나 학교 가까이에 매장이 있는 곳을 선택하는 것도 좋은 방법이다.

아이들에게는 휴대폰을 사 줄 필요가 없는 것 같다. 미국 생활 경비를 줄이는 좋은 방법이기도 하고, 아이들이 학교에서 통화할 일이 있을 땐 학교 오피스에 있는 전화기를 아주 쉽게, 자유롭게 사용할 수 있다.

3 인터넷과 집전화, 케이블 텔레비전 설치하기

인터넷을 쓸 수 없으면 현대를 살아가는 우리로서 불편하기 짝이 없다. 미국에 와서 근 일주일 정도는 인터넷을 쓸 수가 없다. 집을 정해서, 가재 도구와 가전제품을 구비하고 나서, 인터넷 회사에 전화를 걸어서 나의 스케줄과 회사 측 스케줄을 맞추어서 설치 날짜를 정해야 한다. 나는 전화를 건 날로부터 일주일 후에 예약을 할 수 있었고, 약속 시간도 보통 오전 여덟 시에서 열 두 시 사이나 오후 두 시부터 다섯 시 사이, 이런 식으로 아주 길게 잡아야 한다. 번개처럼 달려와 주는 한국 인터넷 회사의 서비스가 얼마나 훌륭한지 여기 와서 알았다. 물론, 땅 덩어리가 커서 이동하는 데 많은 시간이 필요해서 그런가 보다 하고 위로 삼긴 했지만, 미국 사람들 자체가 그리 서두르는 것을 좋아하지 않는 것 같았다. 결국, 인터넷 회사 직원은 약속 시간보다 두 시간을 더 지체한 이후에야 도착했다. 영어가 부족한 나는 따질 수도 없었고, 그저 와 줘서 고맙다는 말밖에 할 수 없었다. 미국에서, 때로는 나의 언어 장애(!)가 내 마음을 차분하게 컨트롤 해 줘서 고마울 때가 있다고 느꼈다. 한국 같았으면 내가 얼마나 많은 불평 불만을 그 직원에게 늘어 놓았을까?

보통 인터넷과 집전화, 그리고 케이블 텔레비전은 패키지 상품이 되어 팔린다. 물론 하나씩 따로 가입해도 되는데, 할인 서비스를 잘 찾아 보면 각각 가입하는 것 보다는 패키지로 묶여 있는 상품에 가입하는 것이 저렴하다. 단, 시기에 따라, 하나씩 가입하는 편이 더 쌀 때가 있는데, 일시적으로, 인터넷 가입 시 6개월간 19달러, 케이블 텔레비전 가입 시 6 개월간 20달러 등등, 특정 기간만 할인을 해 준 다음에 다시 정상 가격으로 오르게 된다. 그래서, 인터넷, 집 전화, 케이블 텔레비전을 모두 신청해서 서비스를 받고자 할 때는, Comcast라는 통신회사에 연락하자. 그리고, 더 할인해 달라고 졸라보면, 상담원에 따라서 조금씩 머리를 굴려서 더 할인 받을 수 있는 방법을 나름대로 제시해 주기도 한다. 참고로, 나는 상담원과의 끈질긴 협상을 거쳐서, 지금 케이블 텔레비전과 인터넷을 매우 싼 가격으로 이용하고 있다. www.comcast.com이나 무료전화 1-800-COMCAST로 연락하면 된다. 이 곳은 워낙 큰 회사라서, 한국어로 상담해 주는 직원도 있다. 가입할 때, 할인 서비스를 꼼꼼히 한국말로 물어 볼 수 있다.

4 미국의 공과금

- 수도, 전기, 가스, 쓰레기 분리 수거 비용
- 타운하우스와 아파트 단지의 요금 비교

미국에서 살 집을 잘 구하면 미국에서의 체재비용을 많이 절약할 수 있다. 나는 타운하우스에도 살아 보았고, 아파트 단지에도 살아 보았기 때문에 아주 쉽게 장점과 단점을 비교할 수 있었고, 비용도 철저히 비교해 볼 수 있었다.

보통, 아파트 단지에 살면 수도세와 쓰레기 분리 수거비가 무료이고, 텔레비전 케이블이 들어와 있는 경우가 많이 있어서, 적어도 월 100불 정도는 세이브가 된다. 그런 반면에 타운하우스나 주택과 같이 모든 경비를 거주하는 사람이 지불해야 하는 경우에는 이들 항목에 해당하는 경비를 모두 지불해야 한다. 보통 쓰레기 분리 수거 비는 한 달에 30~40 달러를 지불해야 하고, 케이블 텔레비전은 50-70 달러를 지불해야 한다. 연간 계산을 해 보면 만만치 않은 금액이다. 보통 아파트 단지에서 취사나 난방, 따뜻한 물은 전기를 쓰고 있고, 타운 하우스나 주택에서는 가스와 전기를 함께 쓴다. 그래서, 전기 이외에 가스 비용도 따로 내야 한다. 그리고, 타운하우스나 주택에는 조그마한 잔디밭이 딸려 있는데, 이를 관리 유지 하는 것도 거주하는 사람의 책임이 되므로,

여름에는 잔디 관리하는 데 들어가는 수도세가 만만치 않게 든다. 하지만 우리 아이들과 나는 잔디 가꾸는 일과 꽃 가꾸는 일을 난생 처음으로 즐길 수 있었기에, 아주 만족스러웠다.

하지만 환율이 천오백 원 대로 껑충 뛰어 올랐을 때는 과감하게 가격이 저렴한 아파트 단지로 이사를 했다. 경비가 딱 반으로 줄어들었다.

전기, 가스, 전화 등 많은 라이프 라인을 신청할 때, 보증금(Deposit)을 내야 한다. 이 때, 꼭 학생 할인 서비스가 있는지 물어보자. 이 곳에서 수입이 없는 경우에는 보증금은 할인을 못 받더라도 매월 사용하는 금액에 대해서는 할인을 받을 수 있다. 그리고 처음에 낸 보증금은 해약할 때 백 퍼센트 돌려 받는다.

5 스카이프(Skype)로 사랑하는 남편과 마주보고 통화하기

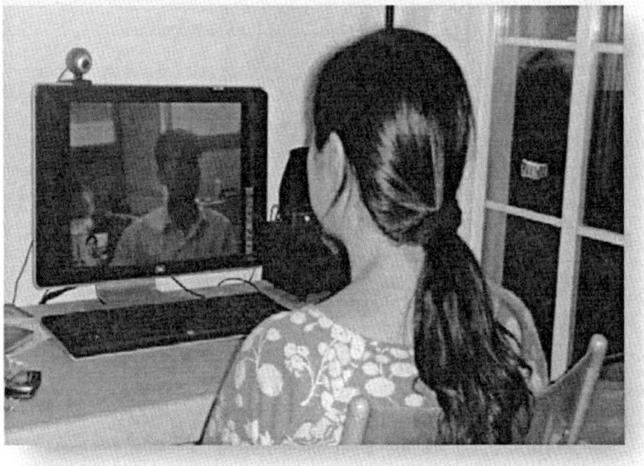

한국에 떨어져 있는 사랑스런 가족과 화상 통화를 하기 위한 방법도 몇 가지 있는데, 그 중 인터넷 화상 통화(Skype)가 가장 경제적이고 확실한 방법이다. 나도 이 방법으로 한국에 혼자 떨어져 있는 사랑스런 남편과 매일 컴퓨터 모니터를 가운데 두고 만나고 있다. 얼굴을 볼 수 있어서, 내가 보살펴 주지 못하는 남편의 건강을 눈으로나마 확인할 수 있어서 안심이 된다. 가끔씩 컴퓨터를 사이에 두고 뽀뽀(!)도 할 수 있어서 아무리 떨어져 있어도 우리의 애정 전선에 이상무!

가입해서 사용하는 절차는 너무나 간단하므로 미국에 들어오기 전에 가입하고, 몇 번 연습을 한 후에 오는 것이 안심이 될 것이다. 참고로 다운로드 받는 방법을 적어두겠다.

1. 스카이프(Skype) 홈페이지에 들어가기: www.skype.com
2. 다운로드 하기: 홈페이지에 들어가면 다운로드 버튼이 눈 앞에 바로 보일 것이다.

6 은행계좌 만들기

휴대폰 개설에 못지않게 서둘러야 할 일이 은행 계좌 만들기이다. 미국에서는 현금, 신용카드, 은행 직불 카드 이외에, 체크(수표)가 널리 사용된다. 특히, 이 체크라는 것이 내겐 너무나 생소해서, 익숙해 지기까지 시간이 좀 걸렸다. 학교에 지불하는 모든 경비, 공과금, 집세, 등 아주 중요한 요소 요소에 체크가 요구된다. 그 이유는 증거 자료를 남길 수 있기도 하고, 신용카드를 사용할 경우와 같은 승인이나 수수료 부분의 번거로움이 없기 때문인 것 같다. 이 체크을 이용하기

위해서라도, 우리는 은행계좌를 터야 한다. 물론 한국에서 송금을 받을 때도, 신용카드로 현금수수료를 지불해 가면서 현금을 찾아 쓰는 것에 비하면, 한결 저렴한 비용으로 서비스를 받을 수 있다.

미국에는 규모가 세계적이거나 아주 큰 은행과 지방에서 소규모로 경영되고 있는 은행들이 다양하게 있다. 내가 선택한 은행은 오리건 주립 대학에서 걸어서 십 분, 다리가 길다면 오 분 거리에 있는 OSU Federal 이라는 그리 크지 않은 은행이었다. 그저 내가 다니는 학교에서 가까워서 무슨 볼 일이 생기면 좋겠다는 생각이었다. 한국에서 송금 받을 때의 수수료는 어느

은행이나 비슷하다는 직원의 말에, 그 자리에서 한국에서 바꾸어 온 여행자 수표를 건네고, 은행 계좌를 개설했다. 우리가 가질 수 있는 계좌는 두 가지인데, 하나는 당좌예금인 체킹 어카운트(Checking Account), 또 하나는 저축예금인 세이빙 어카운트(Saving Account)이다. 우리가 여기서 쓰는 체크(Check)는 바로 체킹 어카운트(Checking Account)에서 빠져 나가게 된다.

어느 정도의 금액은 세이빙 어카운트에 넣어 두는 것이 어떻겠느냐는 직원의 권유에, 이자율을 물었더니, 1.2퍼센트라고 한다. 너무하다. 우리 나라의 은행들이 얼마나 많은 이자를 우리에게 가져다 주고 있는지 새삼 감사하다고 느꼈다. 전액을 체킹 어카운트에 넣겠다고 했더니, 체킹 어카운트를 유지 시키기 위해 의무적으로 5달러는 세이빙 어카운트에 넣어 두어야 한단다. 그 외에, 체크 북(Check Book, 몇 권의 체크 북을 집으로 부쳐준다. 계좌를 트고 약 2주 후에 집으로 배송된다.)을 구입하는 비용이 약 20달러 들었던 것으로 기억한다. 계좌를 트면, 그 자리에서 임시로 쓸 수 있는 체크 열 장 정도를 발급해 준다. 나는 집 세, 공과금, 아이들 학교 경비 등으로 이 체크 북을 쓸 일이 많았는데, 여기에 단신으로 온 사람들은 그리 쓸 일이 많아 보이지 않았다. 조금은 체크 북 경비가 아깝다고들 했다. 그리고, 신기하게도 통장을 만들어 주지 않았다. 알고 보니 정기적으로 한 달에 두 번 정도 계좌 명세 내역을 기입한 우편물을 집으로 보내 주었고, 인터넷을 이용해서 언제든지 확인해 볼 수 있도록, 비밀번호를 설정해 주었다. 아주 편리했다. 일일이 명세와 잔고를 확인하기 위해 은행으로 달려가던 수고스러움을 완전히 덜었다.

학교 안에 있는 ATM(현금 지급기)는 그야말로 지급기였다. 송금이나 입금이 되질 않아서, 좀 우습다고 느꼈다. 송금이나 입금은 은행에 가야 가능한 일이었다. 참, 그리고, 드라이브 쓰루(Drive Through)가 되는 현금 지급기도 있다. 맥도널드의 그것과 다른 점은, 사람이 상대해 주는 시스템이 아니라는 점. 그냥 차 타고 현금 지급기 서 있는 곳에 가서 차에 앉은 상태에서 돈 찾아서 그대로 나간다. 정말 편리하고 신기하다고 느꼈다. 주말에 이용해도 별다른 수수료가 붙질 않는 것도, 환율 대란의 상황에서 얼마나 감사한 일인지 모른다.

은행 계좌를 개설하기 위해 준비해 가야 할 것은, 여권과 학생증(있으면), I-20 Form이다. 그리고 데빗 카드(Debit Card)라는 직불카드를 은행에서 발급해 주는데, 마트에서 장을 본 후에 카드 계산기에 이 카드를 긁으면, Cash Back?이라는 문구가 뜬다. 이 때, Yes나 Enter 를 누른 다음, 금액을 치고 Enter를 누르면, 그 곳 직원이 물건 가격과 캐쉬 백 금액이 함께 찍혀 있는 영수증과 현금을 함께 내어 준다. 즉, 마트가 현금 지급기 노릇까지도 해 주는 셈이다. 아무런 수수료가 들지 않으니 필요할 때 이용하도록 하자. 이 곳에서 아이들 레슨비는 모두 현금으로 지불하므로, 아이들 레슨비 내야 하는 날 마트에서 현금 캐쉬백 서비스를 자주 이용했다.

참! 이 곳에서 말하는 캐쉬백은 한국에서의 오케이 캐쉬백(마일리지 적립)과는 전혀 다른 의미이므로, 착각은 금물! 캐쉬백 = 현금지급!

7 체크(수표) 쓰는법 알아두기

내겐 너무나 생소했던 체크. 이제는 눈 감고도 쓸 수 있는 체크!

우측에 예시해 놓은 수표의 정면을 보면, 자신의 주소와 이름이 좌측 상단에 위치하며 우측 최 상단에는 수표의 일련번호가 있다. 나의 개인적인 중요한 정보이므로 테이프를 붙여서 보이지 않게 해 두었다. 그 아래로는 수표 발급일(Date)을 표시할 수 있는 공간이 있다. 여기에는 월/일/년도 순서로 날짜를 적으면 된다. 그 아래에 "Pay to the order of" 라는 타이틀 옆으로 긴 공백난이 있는데 이 곳은 누구에게 지불하는지를 적는 곳이다. 받는 사람의 이름이나 회사명을 적으면 된다. 이 공간 바로 우측에는 "$" 표시와 함께 직사각형 공간이 있는데, 여기에는 지불할 금액을

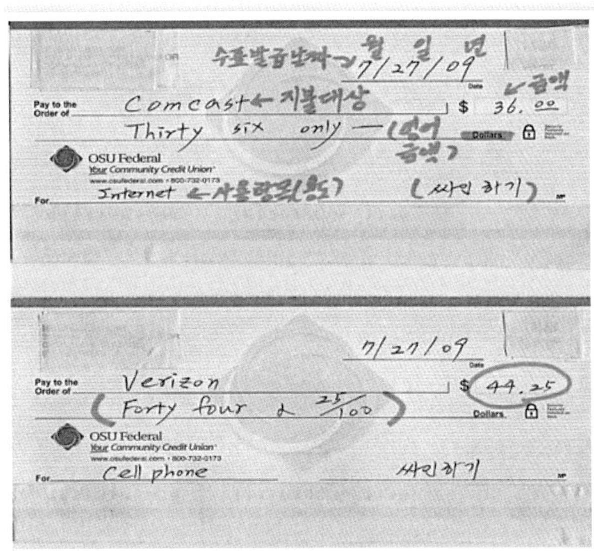

체크(Check): 개인 수표의 사용방법

숫자로 적는다. 아랫줄에는 긴 밑줄의 여백이 있고, 여백의 끝에 Dollars 라고 적힌 난이 있는데, 이 곳은 앞서 직사각형 안에 숫자로 써 놓은 금액을 영문으로 쓰는 곳이다. 아래로 내려와 좌측 하단을 보면 "For"이라고 쓰여 있다. 이 곳은 지불 용도를 적는 곳이다. 인터넷 사용료인지 휴대폰 사용료인지, 가스나 전기 사용료인지 쓰면 되며, 비워 놓아도 아무런 문제가 되진 않는다. 메모란 우측 옆으로 있는 밑줄이 그어진 난에는 이 구좌를 개설할 때 사용한 본인의 서명을 하는 곳이다. 수표의 최 하단에(테이프를 붙여서 가려놓았음) 본인 수표의 계좌 번호가 적혀 있다. 그리고, 뒷면엔 "Endorse Here" 라는 공간이 있는데 이 공간에는 본인이 수표 발급 시에는 아무것도 적지 않고, 누군가로부터 수표를 발급 받아서 자신의 계좌로 입금(Deposit)할 때 본인의 서명을 이 곳에 한다.

위에 예를 든 두 가지 수표의 차이를 보자. 금액의 차이이다. 위쪽의 수표는 금액이 딱 맞아 떨어지고, 아래쪽의 수표는 센트 단위까지 있다. 우리는 영문으로 금액을 쓸 때 정말 주의해야 한다. 금액이 달러 단위까지 딱 맞아 떨어지는 경우에는, 영문으로 금액을 표시한 다음에 줄을 긋거나, only라고 표시해서 누군가 그 금액 뒤에 액수를 늘리는 사고를 방지해야 한다(위쪽에 있는 수표). 그리고, 센트까지 기입해야 할 때는, 달러 단위까지의 금액은 영문으로, 센트 단위의 금액은 백분율로 기입한다(아래쪽에 있는 수표). 수표에서 숫자로 적힌 금액보다도 영문으로 적힌 금액을 더 우선시한다고 하니, 각별히 신중하게 기입하는 습관이 필요할 것이다.

보통 공과금 청구서를 받으면, 청구서 맨 하단 부분에, 뜯어서 체크(수표)와 함께 보내야 하는 페이퍼가 있다. 그리고 보통은 반송용 봉투도 청구서와 한 봉투에 들어 있다. 우리는 그 반송용 봉투에, 우리가 직접 금액과 사인을 기입한 체크(수표)와, 청구서 하단의 페이퍼를 같이 동봉해서 우표를 붙인 다음 다시 보내면 된다. 보내야 하는 주소는 그 청구서 하단의 페이퍼에 인쇄되어 있다.

체크(수표)를 작성하면 체크 다음 장에 붙어 있는 먹지에 내가 기입한 데이터가 그대로 남아 있다. 나는 이 먹지들을 약 6개월간은 보관했었다. 한 번은 Comcast에서 같은 달 요금이 두 번 청구된 적이 있었는데, 지불한 체크의 먹지를 가지고 가서 항의한 적이 있다. 잘 보관해 두자. 영수증과 같은 효력이 있다.

8 자동차 구입하기

미국에서는 차가 없으면 말도 못하게 불편하다. 특히 대도시가 아니고서는 버스나 택시가 드문드문 운행되기 때문에, 꼭 차는 사야 한다. 특히 나처럼 아이들과 함께 동행할 경우에는 아이들의 학교 등하교나 액티버티 활동을 위해 차를 태워줘야 할 일이 너무나 많고, 내 학교 스케줄과 아이들의 스케줄을 효과적으로 운영하기 위해 시간 절약은 필수이며 또한 대중교통을 이용해서 돈을 세이브하기 위해 차를 사지 않는 것은 더 큰 기회와 성공을 놓칠 수 있다. 나의 경우는, 운전을 함으로써 얻은 이득이 나열할 수 없을 정도로 많다. 시간을 효율적으로 쓸 수 있었던 것 말고도, 미국 서부 전역을 자동차로 돌아볼 수 있었기에, 경제적 절약뿐만 아니라, 미국의 대 절경을 느긋하게 즐길 수 있었다. 그리고, 내가 이 곳에서 일본 어학 연수생 그룹의 어드바이저 일을 했을 때도, 내 주위에 차가 없어서 곤란했던 사람들에게 약방에 감초처럼 도움을 줄 수 있는 일들이 수도 없이 많았다.

이토록 우리의 미국 생활을 훌륭하게 지원해 주고 있는 자동차를 어디에서 구입할까? 자동차 딜러 샵을 방문하거나, 중고 자동차 가게를 가 보자. 또는 교회나 학교의 홈페이지를 통하거나, 직거래 사이트를 방문해서 정보를 모았다가 구입하는 방법도 있다. 전 세계의 직거래 판매 정보를 볼 수 있는 사이트로, www.craiglist.org가 있으니 내가 사는 미국 지역의 자동차 판매 정보를 미리 파악해 두는 것도 도움이 될 것이다.

나는 이 곳에 먼저 와서 미국 생활을 잘 알고 있는 사람들과 동행해서, 세일럼(Salem)에 있는 한국 자동차 딜러 샵에 갔다. 물론 그 곳 직원들은 몽땅 미국인이어서 영어로 교섭을 벌여야 하는 지경인지라, 같이 동행했던 분들의 멋진 영어 실력의 도움을 많이 받을 수 있었다. 중요한 것은, 원하는 차종과 지불하고자 하는 금액이 정확해야 한다.

한국에서 미국으로 수입된 한국산 자동차를 구입할 경우, 미국에서의 판매 가격이 한국 가격에 비해서 싸고, 내가 한국으로 돌아갈 때 차를 가져간다면, 세금도 없고, 단지 여기서 한국까지의 운송비와 한국에서의 등록비만 든다는 정보를 확보해 둔 터라, 단숨에 달려 간 곳이 현대 자동차 딜러 샵이었다. 처음에는 구경만 하다가, 내가 원하는 자동차 앞에서 머뭇거리니, 점원이 친절하게 다가와서 자동차의 기능, 옵션, 가격을 찬찬히 설명해 준다. 그 다음에 관심이 있느냐고 묻더니, 오피스 안으로 들어가자고 한다. 오피스에서는 딜러와 매니저가 한 그룹이 되어 일하는 듯했다. 내가 원하는 가격을 제시하자, 곧바로 매니저에게 달려가는 딜러. 의논 해 본 결과 정말 불가능한 가격이란다. 실은 내가 너무 많이 깎기도 했지만, 그렇다고 순순히 그들의 가격에 흥정할 생각도 없었다. 현대차 딜러 샵과 마주 보고 있는 기아차 딜러 샵에도 가 보겠다고 하고, 기아 자동차 중에서 같은 급의 다른 모델을 구경했다. 가격들이 정말 한국에 비해서 많이 쌌다. 미국에는 세계 각국의 자동차가 들어와 경쟁하고 있기에, 가격을 싸게 하지 않으면 경쟁력이 없다. 나로서는 정말 운이 좋다고 생각했다. 하지만, 아무리 싸도 더 싸게 사고 싶은 우리 아줌마들의 본능! 나는 여기에서도 가격 흥정에 적극적이었다.

결국 나는 현대 자동차 딜러 샵에서 차를 구입했다. 그들은 다른 딜러 샵 직원들보다 훨씬 열정적으로 자동차를 팔아 버리고(?!) 싶어 했다. 기아 자동차 딜러에게 손님을 빼앗기고 싶지 않은 듯 했다. 몇 차례에 걸친 교섭 끝에 딜러는 내게 악수를 청했다. 정말 내가 원했던 가격보다도 훨씬 더 싸게 차를 구입할 수 있었다.

자동차 대금을 지불할 때, 그들은 현금을 매우 선호한다. 그러나 나는 신용카드 이용 시에 얻을 수 있는 마일리지도 무시할 수 없어서(참고로, 우리가 미국에 올 때 마일리지를 사용해서 공짜 비행기를 타고 왔었다), 모든 흥정이 끝난 다음에야, 현금과 신용카드를 반반씩 쓰겠다고 했다. 그들은 끝까지 현금을 원했지만, 나는 솔직히 내 사정을 이야기 했다. 그래서 나는 자동차 구입을 통해 어마어마한 신용카드 마일리지까지 얻을 수 있었다.

나처럼 한국 자동차를 사는 사람이 있는 반면에, 많은 사람들이 이 곳에 오면 일본 자동차를 구입해서 타고 있다. 토요타나 혼다 자동차가 인기가 많은데, 이유는 고장이 적고 다음에 되팔기가 쉽다는 이점 때문이다. 미국인들은 일본과 독일 자동차에 열광하는 듯 했다. 하지만, 다운타운에서 미국인이 운전하는 우리 나라 자동차도 많이 볼 수 있다. 나는 개인적으로 우리 나라 자동차를 적극 권유하고 싶다. 성능 면에서나 애프터 서비스 면에서나 그 어느 나라 자동차에 뒤지지 않는다. 나는 미국으로 수입된 한국 자동차로 미국 서부를 아주 안전하고 쾌적하게 돌아 볼 수 있었다.

9 내비게이션(Navigation) 구입하기

미국에 오면 모든 길이 낯설기만 하고, 정착하기 까지, 모든 곳을 주소 하나 손에 쥐고 찾아 다녀야 한다. 내비게이션 하나만 있으면, 하나도 힘든 일이 아니다. 내비게이션은 메이커에 따라 가격이 천차만별인데, 나는 가장 저렴한 것을 사서 쓰고 있다. 값이 저렴해도 아주 훌륭하게 나의 길을 안내해 주고 있다. 자동차로 미국 서부를 여행할 때도 내비게이션이 관광 가이드 역할을 도맡아서 해 주었다.

자동차를 사자마자 내비게이션을 구입해서 사용방법에 익숙해지도록 하자. 사용방법은 한국의 내비게이션과 거의 흡사하다. 단지, 내비게이션의 영어 발음을 캐치하는 데 익숙해 지자. 아주 간단한 말들만 한다. 예를 들어서, Turn right, Turn left, Destination on the right, Calculating road, Remain on this road in 30 miles, Keep to the right, 등등인데, 나와 아이들이 배를 잡고 깔깔 웃었던 내비게이션의 말 중 하나가, If possible, make illegal U-turn이다. 불법 유턴을 하란다. 내비게이션이 안내하는 길을 놓쳤을 때 들을 수 있는데, 이건 유턴을 하라는 말인지, 하다가 경찰한테 걸려서 벌금 내기를 권유하는 건지, 참 판단이 서지 않는 부분이었다.

10 미국 운전 면허 따기

미국에 올 때 가져온 국제 면허증은 이 곳 오리건 주에서는 6개월이면 무효가 된다. 어떤 사람은 국제 면허증으로 1년 동안을 버티기도 하던데, 만약에 주차 위반이나 과속 단속에 걸리면 아주 불편하다. 그리고, 미국 운전 면허증은 신분증 대신으로 쓸 수 있기 때문에, 미국에 도착해서 하루라도 빨리 미국 운전 면허를 따 두는 것이 좋다. 신분증을 보여 줘야 할 때 일일이 여권을 소지해서 보여 주거나 하지 않아도 되어서 여권 분실의 염려로부터도 자유로워질 수 있다.

이 곳에는 한국어로 볼 수 있는 운전 면허 필기 시험이 있다. 운전자 교본도 한국말로 번역된 책이 있고(DMV-교통관리국-에 가면 책꽂이에 예쁘게 꽂혀져 있어서 금방 찾을 수 있고, 몇 권을 가져 가도 무료이다.) 인터넷 동호회나 여러 사이트에서 운전 면허 필기 시험 기출문제가 돌아 다니고 있다. 한국어로 된 교재는 번역자가 재미교포인지, 부분적으로 이해하기 매우 힘든 문구들이 많다. 그래서, 나는 충분한 이해를 위해, 영어 교본과 비교하면서 공부했다. 번역해 놓은 페이지가 영어 교본과 똑같아서 이해하기가 아주 편하다. 기출문제도 이미 이 곳에 와 계신 분께 얻어서 몇 번이나 외우고 시험에 임했다.

필기 시험은 문제은행 식이며, 컴퓨터로 본다. 객관식이며 비교적 간단하고 쉬운 문제가 출제되며 시간 제한이 없고, 그 자리에서 합격과 불합격 여부를 알 수 있다. 컴퓨터로 문제를 푸는데, 약 24문제 중에서 18문제 이상을 맞추면 합격이다. 합격이라는 문구가 컴퓨터 모니터에 뜬다. 필기 시험에 합격하고 나면, 운전 실기 시험 날짜를 예약할 수 있다. 전화로 예약을 해야 되므로, 전화 하기 전에 날짜, 요일, 시간 등을 정확하게 머리 속이나 종이에 정리해서 연습을 한 다음에 전화 하는 것이 실수가 없다.

실기 시험은 절대로 한국어로 보지 않는다. 미국인 시험관이 운전석에 앉아서, 여러 사항들을 체크한다. 먼저, 자동차 시그널 작동, 전진과 후진, 주차, 갓길에 차대기(앞으로, 뒤로), 신호 지키기, 백 미러와 사이드 미러 주시 여부, 주행 속도, 스쿨 존 속도(20마일), 횡단보도 주의, 정지(Stop) 사인, 철도 주의(철도에서는 왼쪽과 오른쪽을 고개를 쑤욱 빼고 둘러 봐야 함), 교차로에 진입해서 차선 변경할 때 가장 가까운 차선으로 이동하기, 좌회전이나 우회전시에 인도나 자전거 도로로 사람이 오고 있는지 목을 돌려서 확인하기 등등. 운전 실기 시험은 DMV에서 시작해서 다운타운을 한 바퀴 돌고, 다시 DMV로 돌아오는 코스인데, 보통 15분에서 20분이면 끝이 나고, 결과도 시험이 끝나면 차 안에서 바로 알려준다. 100점 만점에 75점만 넘으면 합격이라서 그다지 힘든 시험은 아니다. 하지만, 다운타운 도로에 어느 정도 익숙해 진 다음에 시험을 보는 것이 합격 가능성을 높일 수 있다. 그리고 시험칠 때 자신감을 보여주어야 한다. 조급해하거나 너무 조심스럽게 천천히 운전하는 것은 시험관까지 불안하게 하는 요소이므로 너무 긴장하지 않게 주의하자. 시험치기 전에, 나보다 먼저 미국 운전면허증을 획득한 사람을 만나서 조언을 들어 보는 것도 좋다.

운전면허 시험 보러 갈 때, 우리가 꼭 지참해야 할 것들이 있다. 필기 시험 보러 갈 때는, 여권과 국제 면허증, 한국 국내 면허증, I-20(학교증명서류), Social Security 번호(주민등록번호인데, 나는 없었는데 아무런 문제가 되지는 않았다. 번호가 없다는 것을 확인하는 서류를 직원이 내밀면 사인만 하면 되었다.) 그리고 미국 주소와 본인의 이름이 수신 주소에 적혀 있는 우편물 두 통. 우편물은 주소지와 거주 사실을 확인하려는 의도인 것 같았다. 꼭 두 통을 챙겨서 가야 한다. 나는 그 때 휴대폰 회사에서 온 우편물과 은행에서 온 우편물을 챙겨 갔었다. 수수료 5달러도 챙기자. 참, 그리고, 자기 자신의 키와 몸무게를 미국 단위로 환산해서 가면

편하다. 면허 시험 신청 서류에 자신의 키와 몸무게를 기록해야 한다. 다음에, 운전 실기 시험 때에는, 본인의 자동차나 렌터카를 가져 가면 되고, 필기 시험 합격증, 차량 등록증, 국제 면허증, 한국 국내 면허증, 그리고, 수수료 9달러, 그리고 만약 그 날 합격하게 되면 면허증 발급 수수료 29불을 내야 한다. 그리고 만일을 위해 필기 시험 때 지참했던 거주지 확인용 우편물 봉투 두 개도 챙겨 가 보자.

운전 실기 시험에 합격하고 나면, 바로 사진을 찍어서 임시 면허증을 내어 준다. 첫 시험에 합격할 수도 있으니 예쁘게 화장하고 가도록 하자. 아름다운 우리의 미국 면허증을 위해서 파이팅!

영어와 한국어 운전 면허 교본

11 신분증 만들기

운전 면허증을 서둘러서 딸 생각이 없거나 면허 시험에서 자꾸 떨어지면, 운전면허를 따기 전에 신분증을 발급받는 것이 좋다. 이것은 각 주에 거주하는 사람의 신분을, 주가 보증해 주는 신분증의 하나로서 은행이나 마트, 기타 신분증명이 필요한 장소에서 여권 대신 쓸 수 있다. 신용카드를 쓰고자 할 때는 항상 직원들로부터 “Can I see your ID?”(또는, “Photo ID?”)라고 신분증을 보여줄 것을 요구당하는데, 그 때 우리는 이 신분증을 짠~! 하고 보여 주면 만사 오케이다.

신청과 발급은 운전 면허를 발급 받는 DMV에서 가능하며, 신청하면 즉석에서 바로 받을 수 있다. 신분증을 만들 때 지참해야 될 것은 여권, I-20(입학 허가서) 등 신분을 증명해 주는 서류들이다. 보통 서비스 비용은 현금과 수표로만 지불이 가능하고 카드는 받지 않는다. 약 5달러 정도 지불한다.

12 자동차 보험

자동차를 구입하고 바로 가입해야 하는 자동차 보험, 어느 회사에 가입해야 좋을 지 혼자서는 결정하기가 어려운 노릇이다. 나는 곧장 달려간 곳이 트리플 에이(AAA, 미국 자동차 협회)라는 곳이다. 이 곳은 지인의 소개로 알게 된 곳인데, 자동차 보험, 여행 정보 및 예약과 여행패키지 상품 판매, 여행 물품 판매, 신용카드 업무, 각 종 정보와 뉴스 제공, 문화 정보 와 할인티켓 판매, 등등 일일이 열거할 수 없을 정도로 방대한 업무를 해 주는 곳이었다. 나처럼 미국에 생소한 외국인뿐만 아니라, 미국에 살고 있는 사람들에게도 아주 도움이 될만한 곳이었다.

그 곳에는 이미 외국인을 위해 많은 도움을 주고 있는 할머니 직원께서 한 분 계셨다. 그녀는 "아이 엠 할머니!" 라고 한국 단어를 섞어 써 주면서 나에게 친근감을 표시했다. 한국에서 운전한 경력은 미국에서 보통 인정이 되지 않았고, 국제 면허증 소지자이기 때문에 보험료가 싸질 않았다. 어떻게든 경비를 줄여야 한다고 우겼더니, 그 할머니 직원은 근 한 시간을 투자해서 이 회사, 저 회사의 자료들을 분석했다. 마침내, 그녀는 나를 위해 가장 적합한 보험 회사 세 곳을 검색해서 아주 천천히 설명해 주셨다. 물론, 내 영어 실력이 그녀의 말을 소화할

리가 없다. 그 때도 나는 영어가 유창한 분과 함께 동행했다. 중요하다고 생각되는 일에는 마음이 불편해도 과감하게 신세를 졌다.

보장이 비슷해도 가격이 싼 회사가 있었다. 전문가에게 의뢰하니, 일이 너무 쉬웠다. 관건은 언제 미국 면허를 취득하느냐였다. 미국 면허를 따고 다시 보험을 가입하게 되면 보험료가 훨씬 싸졌다. 내가 처음에 국제 면허증으로 가입했을 때는 6개월 보장에 750불을 지불했는데 미국 면허증을 따고 같은 조건으로 재가입했을 때에는 400불을 지불했다. 사고를 내지 않고, 교통 법규 위반을 하지 않으면, 신용도가 높아져서 재가입할 때 또 할인을 받는다. 자동차 보험 회사로는 Progressive, Gaiko, 등 여러 회사가 있는데, 나는 Progressive에 가입했다. 큰 회사라서 중간에 해약해도 금방 잔액을 돌려주고, 신속 정확하게 일 처리를 해 준다고 한다.

보험 들 때에는, 뭐가 뭔지 파악하기가 매우 어렵다. 각 항목별로 예를 들어서 설명해 달라고 하면, 친절하게 상황 별 예를 들어서 설명해 준다. 회사 세 군데 정도의 데이터를 가지고 비교해 가면서 사고나 사후 처리의 예를 들어 달라고 부탁하자. 그들도 내 편이 되어 열심히 땀을 흘리면서 계산하기 바쁘다.

13 미국에서 운전하기

미국에 와서 처음에 운전할 때는 온 몸이 식은 땀으로 범벅이 되었었는데, 지금은 밤실을 휘젓고 다녀도 거짓말같이 땀 한 방울 흘리지 않는다. 처음에 와서 운전할 때 주의해야 할 몇몇 사항들을 기억해 두면 실전에서 실수를 줄일 수 있다. 미국은 교통법규를 사소한 것도 철저히 지켜야 한다. 경찰이 곳곳에 숨어서 우리의 운전을 감시하고 있다.

먼저, 나를 가장 힘들게 했던 곳이 교차로이다. 교차로 진입로에서는 모든 차가 일단 정지한다. 그 다음에 먼저 온 차가 우선 진행하는데, 서로 잘 모를 땐 오른 쪽에 있는 차가 우선이다. 그래도 잘 모르거나 양보하고 싶을 땐 손으로 먼저 가라고 표해주면 된다.

다음에, 이 곳에 오면 눈에 띄게 많은 표지판 중의 하나가 STOP 사인이다. 이 사인이 보이면 속도를 줄이고 반드시 서야 한다. 때때로, 학교 부근의 STOP 사인을 잘 보면, 아이들이 나타났을 때만 정지하라는 표지판도 있다. 이 STOP 표지판은 이곳 저곳에 너무나 많아서 자칫 딴 생각하고 운전하다가는 이 사인을 놓칠 수 있다. 이럴 때도 경찰들이 와서 잡는다.

그리고 구급차나 소방차가 사이렌을 울리고 지나가면, 우리는 반드시 길 옆으로 차를 대야 한다. 만약 사이렌 소리가 들리면 무조건 우측 갓길로 차를 대도록 하자. 이것도 경찰이 지켜보고 있다.

스쿨버스도 주의해야 한다. 노란색 스쿨버스가 사이드 미러 옆에 정지 표지판을 내 걸고 길이나 길가에 정지해 있으면, 스쿨버스 뒤에 따라가던 차들도 서야 하고, 맞은 편 차선의 차도 정지해야 한다. 이것은 신경 써서 염두에 두지 않으면 실수하기 쉽다. 반대 편 차선을 달리다가 스쿨 버스를 보더라도 일단 긴장해야 한다. 스쿨 버스가 서면, 나도 무조건 서야 한다.

그리고, 빨간 불일 때의 우회전도 조심해야 한다. 서서히 서행만 하면 되는 것이 아니고, 반드시 정지했다가 자동차와 보행자, 그리고 자전거가 안 보이나 확인한 후에 우회전해야 한다.

무엇보다 신기했던 것은, 우리나라는 보행자가 자동차를 피해 다니는데, 이 곳에서는 자동차가 보행자를 피해 다닌다. 차가 멀쩡히 빠른 속도로 달려 가는데도, 보행자들은 그저 맘 편히 길을 건너는 것이었다. 세월아 네월아 천천히 길을 건너는 보행자를 우리는 천 년이고 만 년이고 기다려 주어야 한다.

참, 그리고, 도로에서 주차할 때 눈 여겨 보아야 할 것이 있다. 인도와 보도 경계에 노란 줄이나 붉은 줄이 그어진 곳에는 노상주차를 절대로 하면 안 된다. 이런 줄이 없으면 노상주차 오케이. 유료 주차의 경우에, 만약에 지키는 사람이 없더라도 꼭 코인을 넣고 주차해야 한다. 정기적으로 주차관리 요원이 돌고 있다. 그리고 그 어느 곳에서든 장애인 주차 전용 주차장에는 절대로 차를 대는 일이 없어야 한다. 막대한 벌금이 기다리고 있다.

그리고, 이러한 중요한 사항들을 어겼을 경우에 경찰차나 경찰 오토바이가 우리 차를 따라오는데, 그 때는 차를 갓길에 세우고는 차에서 절대로 내리지 말고, 손을 운전대에 올려놓은 채로 경찰이 내게 다가오기를 기다려야 한다. 이 때 만약 몸을 움직이거나 가방에서 면허증을 꺼내려고 손을 가방에 넣거나 하면, 우리가 총을 꺼내려 한다는 오해를 받을 수 있다. 경찰이 차 밖으로 나오라고 할 때까지 밖으로 나가서도 안 된다.

경찰이 다가오면 창을 내리고 경찰의 지시에 차근차근 따르면 된다. 단, 너무 유창한 영어는 도움이 되지 않는다. 우리도 여행하다가 속도 위반으로 경찰이 따라온 적이 있는데, 어눌한 영어로 이야기 했더니 주의만 주었다. 지은 죄(?)를 반성하고 울 것 같은 표정을 지으면, 그들도 너그러워지는 듯 했다. 그러나 운이 나쁘면, 이것도 안 통한다. 그냥 경찰이 Ticket을 써주면, 거기에 적힌 주소로 체크(수표)에 금액을 기입해서 벌금을 보내면 된다. 만약에 위반하지도 않았는데 억울하게 벌금을 내야 할 경우에는 법원에서 억울함을 호소해서 면제받거나, 금액을 최소화 시킬 수도 있다. 하지만, 이 일은 영어를 아주 잘 해야 가능한 일인 듯싶다.

14 트리플 A(AAA)

자동차 보험 가입을 대행해 주었던 트리플 에이(AAA)는 멤버쉽이 되면 여러가지 편리함이 있다. 우선, 자동차 열쇠를 분실하거나 자동차 안에 두고 내렸을 때, 바로 와서 열어주고, 가솔린이 떨어져서 길에서 자동차가 서 버리면 즉시 달려와서 가솔린을 공급해 준다. 그리고, 타이어가 도로에서 펑크가 나도, 자동차 배터리가 방전되었을 때도 전화 한 통에 바로 달려와서 짠 하고 고쳐준다. 그 뿐이 아니다. 여행 다닐 때, 거의 대부분의 호텔과 여관들이 할인 서비스를 제공해 준다. 물건을 살 때나 레스토랑을 이용할 때도 꼭 점원에게 트리플 에이 멤버쉽 할인이 있는지 확인해 볼 필요가 있다. 할인 받을 수 있는 곳이 정말 무궁무진하다. 연간 멤버쉽 회비는 66달러이고, 재가입시나 학생 할인 회비는 56달러이다. 나도 미국 서부 여행이나 동부 뉴욕 여행을 하면서 셀 수 없이 많은 곳에서 할인 혜택을 받았다.

그리고 여행 떠나기 전에 무료로 많은 정보도 얻을 수 있고, 덤으로 미국 전역의 최근의 정보를 담은 자세한 지도들도 얻을 수 있다. 잘 활용하도록 하자.

15 아이들 학교 등록하기

부모가 미국에서 활동을 하면, 그 자녀들은 미국 공립 학교에 무료로 다닐 수 있는 자격을 얻게 된다. 그래서 내 아이들은 엄마가 미국에서 공부를 하고 있기 때문에 공립 학교엘 다닐 수 있다. 보통 거주지 구역 내의 학교에 다니게 되는데, 스쿨버스가 운행되고, 매우 안전하다. 물론 아이들의 특별한 교육을 위해, 공립 학교에 보낼 수 있는 조건이 되는데도 불구하고, 여러 가지 이유에서 비싼 학비를 내고도 사립학교를 선택하는 한국 부모님들도 만날 수 있었다. 학년은 초등학교는 5학년까지 있고, 중학교는 6학년에서 8학년까지, 고등학교는 9학년에서 12학년까지 있다. 미국의 신 학년은 9월에 시작되므로, 8월 말 이전까지 출생한 아이들이 같은 학년이 된다. 한국은 2월 말 이전까지 출생한 아이들이 같은 학년이 되므로, 이 곳에 오면 많은 아이들이 학년이 바뀐다. 학교에 따라 학년을 조정해 주기도 하므로 아이를 배정시키고 싶은 학년에 대해서 등록할 때 학교측과 의논해 볼 필요가 있다. 우리 아이들은 각각 제 나이에 맞추어서 학년에 배정되었다.

미국에 도착해서 아이들이 시차 적응을 끝내면(사나흘 지나면 아이들은 금방 적응한다.) 집에서 가까운 학교에 직접 가서 등록하면 된다. 외국 학생들의 편입이 많은 곳일수록 등록하는 데 시간이 얼마 걸리지 않는 듯 했다.

우리 아이들의 학교에는 한국 아이들의 왕래가 비교적 빈번한 곳이라 등록은 너무나 간단했다. 종이 대 여섯 장을 받게 되는데, 그 종이들은 자기 신상 정보와 면역 정보(예방 주사 접종 정보), 그리고, 특별한 교육을 받아야 한다면 구체적인 정보, 아이의 병이나 알레르기, 복용하고 있는 약 정보, 그리고, 학교 관할 지구(School District)에 등록하기 위한 정보, 부모의 자원 봉사 참여 여부 등으로 구성되어 있다. 면역 정보를 묻는 종이에는 한국 병원에서 발급받아 온 예방 접종 기록을 찬찬히 보면서 날짜를 기입하면 되고, 모든 서류는 천천히 사전을 참고해서 읽으면 별 어려움 없이 다 기록할 수 있다. 서류들을 학교에서 작성해시 내려고 서두르지 말고, 집에 가져 와서 확실하게 꼼꼼하게 기록해서 그 다음 날 아이 편에 보내거나 직접 오피스에 제출하면 된다.

초등학교일 경우, 직원이 학교 이 곳 저 곳을 안내해 주시고, 담임 선생님을 만나게 해 준다. 그리고 교실까지 보여 준다. 교과서는 학기 중간에 들어갈 경우에는 도서관에 있는 교과서를 빌려서 쓸 수 있게 해 주고, 신학기에 들어갈 경우에는 학교에서 일괄 구입하므로 학교에 돈만 내면 된다.

중학교나 고등학교는 담임제가 아니고, 학생들이 교실을 옮겨 다니면서 수업을 듣게 되므로, 아이들이 처음에 적응하는데 좀 더 시간이 걸리는 것 같았다. 학교에 등록할 때 기입해서 제출하는 서류는 초등학교나 중학교나 똑같았다. 개인 사물함(Locker)도 준다. 아이들이 개인 사물함 비밀 번호를 그 날 바로 암기할 수 있게 도와 주자. 단 5분의 휴식시간에 아이들은 자기 사물함에 보관해 둔 교과서를 바꾸어서 다음 수업을 위해 교실을 이동해야 한다. 아주 바쁘다. 학교에 등록하러 간 첫 날에 몇 번 연습하게 해서, 사물함 다루는 데 익숙하게 하는 것이 아이의 적응에 도움이 된다.

참, 그리고 등록할 때 서류를 잘 살펴 보면 프리런치(공짜 점심)를 신청하는 서류가 끼워져 있는데, 수입이 없는 학생 부모나 가정형편이 어려운 가정의 아이들은 공짜로 점심이 제공된다. 나는 뒤늦게 알아서 신청을 놓쳤는데, 나와 같은 경우도 해당이 된다고 한다. 아빠가 한국에서 수입이 있어도 엄마가 미국에서 학생이며, 수입이 없어도 해당이 된다.

오케스트라나 밴드 액티버티 신청도 등록할 때 함께 해야 한다. 아이들이 악기나 운동을 할 수 있으면 부담 없이 신청하도록 하자. 학교 수업 시간 내에 악기나 운동을 배울 수 있고, 많은 액티버티에 참가할 수 있다. 우리 아이들은 악기를 해서 많은 콘서트에 참가했다.

그리고, Year Book이라는 기념앨범을 신청하는 것도 처음에 등록할 때 같이 한다. 선불이니, 체크(수표)를 지참하는 것이 좋다. 이 앨범은 학년이 끝날 때(여름 방학 시작 바로 전 날) 학생들의 학교에서나 과외 활동 할 때의 모습을 실어서 나누어 준다.

또 한가지. 등록 절차를 마치면, 수학과 영어 진단 테스트를 한다. 수학과 외국인 학생을 위한 영어수업(ESL또는ELD)은 수준별 수업이 이루어지고 있기 때문에, 아이의 실력을 가늠해서, 아이가 소화할 수 있는 반에 배정하기 위함이다. 아이가 진단 테스트에서 성적이 잘 나오든 못 나오든, 우리는 개의치 않아야 한다. 아이가 수준 낮은 반에 배정을 받게 되면, 거기에서, 기초 용어들과 원리를 아주 탄탄히 다질 수 있고, 수준 높은 반에 배정을 받으면, 처음에 영어로 된 수학 용어들 때문에 성적이 좋게 나오기가 어렵다. 물론 아주 높은 반에서도 일 등을 하는 한국 아이들도 있다. 선생님들도 아이들을 유심히 보다가 학기 중간에도 아이가 잘하면, 높은 반으로 점프 시켜 주곤 한다. 우리 아이들도 학기 중에 진급하는 일이 종종 있었다. 나는 단지 아이들에게 영어로 된 수학 용어들을 인터넷에서 찾아서 인쇄해서 참고하라고 건네 주었을 뿐이다.

아이들 학교에 등록하러 갈 때 한국에서 가져 온 자그마한 기념품들을 가지고 가서 선생님들과 직원들에게 나누어 주었다. 그들은 기념품을 보면서 우리 아이들의 이름과 얼굴을 더 빨리 기억하려고 애쓰는 느낌이었다. 한국에서 올 때, 한국 고유 문양이 새겨진 열쇠고리나 스푼, 북 마크, 부채, 볼펜 등을 많이 준비해 오도록 하자. 아주 유용하다.

16 학교 신학기 준비물(School Supplies)

보통 9월에 신학기가 시작되면, 학교에 스쿨 서플라이를 준비해서 개인 사물함에 쟁여 둔다. 학교에서 스쿨 서플라이 리스트를 나누어 주는데, 집에서 가까운 문구 가게(K-Mart, Fred Meyer, Office Max, Staple 등등)에 가면, 학교 이름 별로 필요한 서플라이 리스트가 가게 안에도 여기 저기 붙어 있다. 뭐가 뭔지 잘 모르면, 직원 한 명을 불러서, 내가 외국인이라서 잘 모르니 도와달라고 하면, 장바구니에 리스트를 확인해 가면서 순서대로 다 알아서 담아 주기도 한다. 준비해 가야 할 것들 중에 전자 계산기도 있는데, 학교에서 권장하는 것은 일반 계산기보다 복잡한 계산을 할 수 있는 계산기(Scientific calculator)이다. 마트의 학용품 코너나 전자제품 코너에서 쉽게 구할 수 있으며, 8-20달러까지 골고루 있다. 미국 아이들은 간단한 계산도 계산기로 하려는 경향이 있는데, 나는 직접 계산하거나, 암산을 권장하는 한국의 교육 시스템이 훨씬 훌륭하다고 생각했다. 부지런한 학습 습관 형성과 암산을 통한 두뇌 개발에 아주 도움이 되기 때문이다. 실제로, 우리 아이들에게는 준비물로써 계산기는 지참은 하되, 가능하면 사용하지 말라고 부탁했었다.

그리고, 미국은 학용품이 우리 나라보다 훨씬 비싸서, 볼펜이나 샤프, 포스트잇, 풀, 가위 등

기본적인 학용품은 한국에서 가져올 필요가 있는 것 같다. 학교마다 차이는 있지만 대략적인 서플라이 리스트는 다음과 같다.

초등학교 신학기 준비물

- 1–2 dozen No. 2 Pencils sharpened
- 3 glue sticks
- 2 pencil erasers (pink or white)
- A set of colored markers
- A set of crayons (make sure it contains the eight basic colors)
- A set of colored pencils
- A binder (or accordian folder)
- Six pocket folders for the binder
- One pair of student scissors
- Two red pens for correcting
- 1–2 large boxes of Kleenex
- Ruler with inches and centimeters
- One highlighter
- One small pencil sharpener with cover
- One zip-up backpack
- Large Pack of index cards for flashcards
- Pencil Box

Older students may also need the following:

- Protractor
- Compass
- Calculator
- 3-Subject Notebook

중학교 신학기 준비물

7TH-GRADE SUPPLY LIST

- 2" (at least) three ring binder with dividers
- White, lined notebook paper (recycled is fine)
- Weekly/daily planner
- A pencil/pen pouch for the binder
- A scientific calculator for math/science
- #2 pencils (mechanical okay)
- Blue or black ink pens
- Yellow or pink highlighter
- A large eraser
- A set of colored pencils
- A ruler
- 2–3 pocket folders
- Four spiral notebooks
- Protractor and compass

8TH-GRADE SUPPLY LIST

- One, three ring metal binder with dividers
- 2–3 pocket folders
- #2 pencils
- blue or black pens
- One red pen or red pencil
- A set of colored pencils
- A set of colored markers
- College rule loose leaf notepaper
- A scientific calculator (Texas Instruments recommended)
- A ruler with standard and metric measurements
- A protractor and compass
- Four spiral notebooks

9TH-GRADE SUPPLY LIST

- For portfolios: 11/2″ view pocket binder
- One package (box) of sheet protectors
- One package (box) of sheet protectors with divider tabs
- Three ring binder with dividers for each class
- #2 pencils
- Blue or black ink pens
- Red Pen or Red Pencil
- Large eraser
- White, lined notebook paper (cannot be torn from a spiral notebook)
- Scientific calculator
- Spiral notebook for English

고등학교 신학기 준비물

- 3 Computer discs
- 3-ring binder
- Backpack
- Colored pencils
- Colored pens
- Eraser
- Glue stick
- Graph paper
- Hand sanitizer
- Highlighters
- Internet access
- Markers
- Organizer/planner
- Paper clips
- Pens/pencils
- Pencil sharpener

17 아이들이 배우는 학과목들

내 아이들은 3월 중순에 학교에 입학을 해서, 큰 아이는 중학교 8학년에, 작은 아이는 초등학교 5학년에 배정받았었다. 그리고 나서, 바로 9월부터는 각각 고등학교 9학년과 중학교 6학년으로 진학해야 했다. 그래서 얼마 학교에 다니질 않고서 이 곳 학교의 졸업장을 받을 수 있었다. 나름대로 힘들긴 했지만, 아주 훌륭한 기념품(?)이 생긴 셈이다.

각 주마다 독립적으로 학교 교과목과 스케줄이 운영되지만, 거의 큰 맥락에서는 공통적인 것 같다. 외국 아이들을 위한 영어 클래스(ESL또는ELD라고 부른다.) 이외에, 아이들이 학교에서 배우는 학과목들은 다음과 같다.

- 초등학교 과목: Language Art, Mathematics, Social Study, Science, Music, Art, Physical Education
- 중학교 과목: Language Art, Mathematics, Social Study, Science가 필수이고, 6학년들은 Music, Art, Choir, Cooking, Sewing, 그리고, 제 2 외국어 등은 로테이션 해 가면서 배운다. 7학년과 8학년들은 로테이션 과목들 중에서 특정 과목을 선택해서 쭈욱 배운다. 오케스트라나 밴드는 6학년부터 활동

할 수 있으며, 학교 수업 시간 내에 배우기도 하고, 방과후나 학교 정규 스케줄이 시작되기 전에 레슨을 받거나 연습을 한다.

- 고등학교 과목: 고등학교 교과목은 위에 나열해 둔 과목들이 더욱 세부적으로 나뉘며, 필수 과목들뿐 아니라 선택 과목에서도 고를 수 있는 과목들의 폭이 매우 넓어진다. 고등학교 졸업과 대학 진학을 위해서는 일정 필수 학점을 이수해야 하며, 대학 진학 시에 각 대학마다 요구하는 이수학점이 다르므로, 이 곳에서 대학 진학을 염두에 두고 있다면, 자신이 가고자 하는 대학에서 요구되는 이수 학점을 미리 알아 둘 필요가 있다. 그리고 영리한 아이들은 대학에서 배울 과목들의 학점을 고등학교 과정 중에 미리 따 둘 수 있다. 그러면, 대학에서 이수해야 할 학점이 줄어들어서 경제적으로도 이익이다. 선택 과목들은 일일이 나열할 수 없이 많아서 자기가 잘 할 수 있는 과목들을 선택해서 좋은 학점을 받는 것이 대학 진학에 유리하다. 그리고, 어떤 특정 과목들은 그 과목을 선택하기 위해, 먼저 이수해야 선택할 자격이 주어지는 과목들도 있으니, 학교 담당 카운셀러와 꼼꼼히 의논해서 과목을 선택할 필요가 있다. 카운셀러는 아이의 생활면과 진학 지도까지도 자신의 일처럼 도와준다.

나는 모든 일들을 아이가 스스로 해결하기를 원했다. 나는 컨퍼런스나 콘서트 말고는 학교엘 거의 드나들지 않았다. 아이들이 문제가 생기면, 선생님들이나 카운셀러를 직접 찾아가 해결했다. 나는 나의 영어가 잘 되지 않는다는 핑계로 아이들을 강하게 독립시키려 했다.

18 학교 숙제(Homework, Assignment)

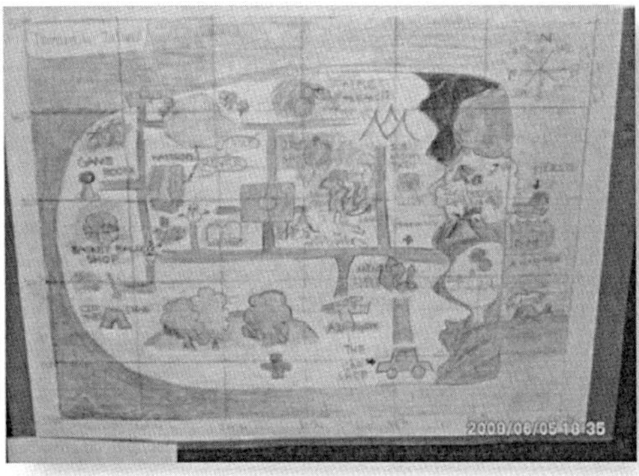

아이들이 학교에 다니기 시작하면, 수많은 숙제들이 나오기 시작한다. 아이들은 숙제가 뭔지 조차 파악하지 못하고 집으로 귀가할 때가 한 두 번이 아니다. 그래서, 내가 아이들에게 권유했던 방법은, 수첩에 모든 과목의 숙제를 빠짐없이 받아 적어올 것. 혹시 선생님이 칠판에 써 주시지 않으면, 수업이 끝난 후에, 선생님께 숙제를 적어 달라고 부탁할 것. 그리고, 참고할 만한 사이트나 서적을 소개해 달라고 할 것.

미국에서의 성적은 시험이 전부가 아니다. 평소의 수업태도, 적극성, 출석, 개인 과제, 그룹 과제 등 여러 각도에서 채점을 하기 때문에, 학교 숙제는 매우 중요하다.

숙제는 아주 쉬운 것부터 많은 시간을 요하는 중요하고 까다로운 숙제까지 다양하다. 초등학교의 경우, 주간 과제가 월요일에 프린트 한 장으로 나온다. 하지만, 가끔씩 그 종이에 없는 숙제들을 받아 올 경우도 있다.

초등학교 5학년의 경우, 어려운 숙제들이 아주 많다. 아이 혼자 힘으로는 불가능할 정도의 읽기와 쓰기 숙제, 그리고, 프로젝트까지 매일 하루에 서너 시간을 아이와 함께 숙제에 매달려야 할 정도다. 물론, 아이나 나나 미국에 난생 처음 와 본 데다가, 영어 실력도 거의 바닥 수준이니, 얼마나 많은 노력을 기울여야 숙제 하나 겨우 완성할 수 있을 지는 불 보듯 뻔하다. 그룹 과제도 자주 주어지는데, 아이가 숙제를 놓치면, 그룹 프로젝트에 기여할 수 있는 기회를 놓치게 된다. 그래서, 초기에는 아이의 숙제를 매일 체크해 보는 것이 좋다. 중학교도 마찬가지이다. 각 과목별 과제가 거의 매일 나오므로, 아이가 제대로 하고 있는지 체크를 할 필요가 있다. 특히나, 중학생 정도가 되면, 숙제를 일일이 칠판에 적어주지 않는다. 학교 홈페이지에 들어가면 그날 그날의 각 과목별 과제를 확인해 볼 수 있다.

물론, 그 숙제들에 대해 엄마가 주도권을 쥐면 절대로 안 된다. 처음에 어떻게 접근하느냐에 따라 미국 생활의 주도권이 형성되어 버리므로 조심하자. 아이에게 자신의 숙제를 어떻게 해야 가장 합리적인지 묻도록 하고, 우리는 구경꾼이 되어, 여차할 때 도움을 주고, 중간 검사와 최종 검사를 해서, 부족한 부분들을 함께 조사해서 풀어 나가도록 하자. 나는 아이들이 숙제를 하는 동안에 영어로 된 사이트를 방문하기를 권유했지만, 아이가 이해하기 힘들어 하는 사이트일 경우에는 유사한 한국 사이트를 통해서 쉬운 한국말로 이해한 다음에, 다시 영어로 된 사이트를 읽어보게 했다.

우리 아이들은 거의 6개월 동안은 엄마의 도움이 필요했는데, 그 이후에는 아이들 숙제가 뭔지, 숙제를 완성했는지 검사하거나 관여하지 않아도 될 정도로, 아이들 스스로 훌륭하게 자립했다. 나는 학교에서 날아오는 성적표의 수많은 A 들을 보면서 입이 다물어지질 않았다.

각 수행평가나 시험 성적은 그 때 그 때 학교 홈페이지에서 확인할 수 있다. 우리 아이들은 이 시스템을 아주 좋아하는 듯 했다. 매일 학교에 다녀오면, 그 날 그 날의 점수들을 체크했다. 성적이 나쁘면 다음 날 더 열심히 해서 성적을 높였고, 성적이 좋으면 날 불러서 환한 얼굴로 자랑하곤 했다. 성적에 불만이 생기면, 당당하게 선생님을 찾아 가서 납득할 만한 이유를 묻고, 성적을 높이기 위한 방법을 배워 오기도 했다. 미국 선생님들은 아이들에게 점수를 만회할 수 있는 기회와 방법을 꾸준히 제공한다. 중간고사와 기말고사 점수, 그리고 수행평가 점수 만으로 최종 성적을 내는 우리 나라에 비해 매우 관대하며, 아이들에게 좌절하지 않고 적극적으로 살아 가는 방법을 익혀 가게 하는 좋은 교육 방침이라고 생각한다.

19 아이들 학교의 점심 메뉴와 아토피

미국 학교의 점심 메뉴가 문제였다. 큰 아이는 한국에서도 아토피로 어릴 때부터 고생했는데, 미국 와서는 가장 심하게 아토피 때문에 고생해야 했다. 타코(Tacos)나 나쵸(Nachos), 피자, 햄버거, 샌드위치, 핫도그, 콘도그, 치킨, 스파게티 등이 주된 메뉴로 등장하는데, 기름이나 밀가루가 별로 좋지 않은지, 아니면 소금과 향신료를 너무 많이 쓰는지, 학교에서 나온 점심을 먹고 집으로 돌아오는 큰 아이의 얼굴과 목에 보기 흉할 정도의 아토피를 발견하고는 기절하는 줄 알았다. 안 그래도 동양인이라서 미국 아이들이 이상하게 볼 텐데, 심한 아토피 얼굴을 보고는 다가와 줄 리가 없다. 나는 바짝 긴장이 되었다. 우선 한국에서 가져온 아토피 치료 연고를 발라줘 보았다. 아토피 정도가 너무 심해서 약이 듣질 않았다. 당장 내일 학교에 보내야 하는데, 걱정이 태산이다. 다음날은 그냥 심한 아토피 얼굴을 하고 학교를 보냈다. 대신 야채 볶음밥을 손에 쥐어 보냈다. 당분간 학교 음식은 먹지 말라는 당부와 함께.

학교에서 돌아온 아이는 얼굴 때문에 많이 괴로워했다. 할 수 없이, 한국에서 가지고 온 알러지 약을 먹였다. 약이 강해서 가능하면 안 먹이려 했는데, 아이의 괴로워하는 얼굴을 보니

안 먹일 수가 없었다. 약과 연고의 힘으로 그 다음 날 아침에는 비교적 말끔한 얼굴로 웃으면서 학교 가는 아이 모습을 보고 안심했었다.

그 날부터 나는 부지런히 한국 음식 메뉴로 도시락을 싸 주었다. 김밥, 야채 볶음밥, 불고기와 야채, 그리고, 약간의 과일들. 삼 개월 정도 지나고 나서는, 도시락과 학교 급식을 반반씩 먹게 했다. 서서히 적응이 된 아이는, 이제 학교 급식만 먹어도 아토피가 생기지 않는다. 이제는 오히려 한국에 돌아가서 순한 한국음식에 아토피 반응을 보이는 건 아닌지 걱정이다. ^^

20 스타 액티버티 (Star Activity)

배드민턴, 배구, 축구, 농구, 탁구, 포스퀘어(Four Square), 그림 그리기, 카드 게임, 위(Wii) 게임, 카라오케(노래하기), 라이스 크리스피(Rice Crispy, 우리나라 유과와 비슷한 과자) 등의 액티버티에 아이들이 약 삼십 분 동안 자유롭게 참여한다. 보통의 정규 수업 시간을 5분씩 줄여서 삼십 분을 만들어서, 아이들의 개성을 맘껏 발휘하도록 유도하는 프로그램이다. 우리 아이들은 한 달에 한 번씩 개최되는 이 스타 액티버티에 참가하는 것을 매우 즐기는 것 같았다. 스포츠와 위(Wii) 게임에는 목숨 걸고(?) 참가해서 1등을 하곤 했다. 그러고 나면, 미국 아이들이 스타로 인정해 주는 모양이다. 참 재미있는 액티버티 프로그램이다.

21 아이들의 과외 활동(Activity)

미국 아이들은 학교 생활만큼 중요하게 여기는 것이 이 액티버티 활동이다. 이것은 아이들이 대학에 입학할 때도 유리하게 작용하며, 실제로 아이들의 정서 순화에도 많은 도움을 준다. 우리 나라의 청소년기 아이들은 성적을 올리기 위해 학교와 학원을 하루 종일 도는 데 비하면, 이 곳 아이들은 참 행복하겠다는 생각을 했다.

보통, 아이들은 세 시나 세 시 반 경에 학교를 파하고, 집으로 가거나 방과 후 활동을 한다. 신기한 것은 이 곳의 방과 후 활동은 남녀 차별이 없다. 모든 악기와 스포츠 액티버티에 여자 남자의 구분이 없다. 여자 아이들이 축구를 하고, 남자 아이들이 발레를 한다. 물론 악기를 배우는 데 있어서도 여성스러운 악기, 남성스러운 악기의 구분이 없다. 둘째의 밴드 콘서트에 갔더니, 여학생이 드럼세트를 부서질 정도로 힘차게 연주하고 있었다.

우리 아이들은, 학교의 밴드에 소속되어 악기를 배우고, 연주활동을 했다. 그리고, 학교와는 상관없이, 악기와 테니스의 개인 레슨을 받게 했고, 영어 읽기와 쓰기를 따로 개인 지도 받게 했다.

각 주마다 차이가 있겠지만, 이 곳 코발리스(Corvallis)는 개인 레슨비가 매우 저렴하다. 악기의 경우에는 시간 당 25-30달러 수준이며, 테니스도 우리 아이들을 동시에 45분간 지도해 주는 조건으로 매 레슨마다 30달러를 지불했다. 영어 튜터도 시간당 20-30달러에 아이의 수준에 맞게 읽기와 쓰기를 지도해 주신다. 한국에서 리딩과 라이팅을 배우기 위해 미국인 선생님께 지불해야 하는 비용에 비교하면 너무너무 저렴하다. 선생님을 구하기는 그리 힘들지 않다. 교회에 나가서 사람들에게 문의하면, 아주 잘 가르치는 선생님들을 만날 수 있다. 이 곳의 몇몇 영어 튜터들은 한국 아이들을 가르치는 일에 아주 프로들이다. 우리 아이들의 튜터는 현재 가르치고 있는 학생들의 90퍼센트가 한국 학생들이다. 테니스나 수영은 스포츠 센터를 방문하면 쉽게 등록할 수 있다.

22 아이들을 위한 여름방학 캠프와 액티비티(Activity)

미국 학교의 방학은, 봄 방학과 겨울 방학 각각 2주씩, 그리고 여름방학 약 두 달 반으로 구성되어 있다. 여름방학은 6월 중순에 시작해서 9월 초에 끝나는데, 이 긴 방학이 문제다. 이 때, 한국 부모들이 많이 선택하는 방법이, 방학에 열리는 캠프에 아이들을 참가하게 하는 방법이다. 오리건 주립 대학에서는 여름 방학마다 키드스피리트(KidSpirit)라는 프로그램이 열리고, 시가 운영하는 파크 앤드 레크리에이션 센터(Park & Recreation Center)에도 다양한 프로그램이 있다. 그 외에도 Boys & Girls' Club이나 국공립 도서관, 그리고 각각의 커뮤니티에서도 몇몇 프로그램이 운영되고 있다. 우리 아이들은 여름 방학에 오리건 주립 대학의 키드스피리트를 선택해서 참가했는데, 요리, 스포츠, 과학, 도자기 공예, 긴급구조법 등의 클래스를 선택했었다. 구조법은 클래스 마지막 날에 시험을 보는데, 통과하면 수료증도 발급해 준다. 비용은 선택하는 과목에 따라 다르고, 스케줄을 오전이나 오후 반일, 또는 종일로 짜느냐에 따라서 달라진다. http://kidspirit.oregonstate.edu에 방문해 보자. 자세한 나이별 프로그램의 설명과 그 외 여러 정보를 확인해 볼 수 있다. 여름방학이 시작되기 2주 전까지는 신청을 끝내도록 하자. 인기가 많은 프로그램이라서 정원이 금방 찬다. 길고 긴 여름방학을 아이들이 나태해지지 않고 영어 환경에 잘 적응할 수 있게 가능하면, 영어를 많이 쓸 수 있는 프로그램들을 상세히 살펴 볼 필요가 있다.

홈페이지를 방문해서 Summer Program을 확인해 보자. 아래와 같은 자세한 정보들을 얻을 수 있다

출처: 오리건 주립대학교 홈페이지(http://kidspirit.oregonstate.edu)

***주의:**

이러한 캠프나 액티버티 활동 이외에, 아이들에게 한국 교과 과정의 학습도 병행시킬 필요가 있다. 학기 중에는 이 곳 학교 숙제와 시험만으로도 시간이 부족하다. 주말과 방학을 이용해서 한국 교과 과정 학습에 집중하도록 유도하자. 아이들은 그저 놀고만 싶어하니, 아이들과 함께 계획적인 생활을 할 수 있도록 엄마도 노력할 필요가 있다.

23 학교 컨퍼런스(Conference)

학교마다 다르지만, 일 년에 한 번 또는 두 번씩 컨퍼런스(Conference)가 열린다. 이 날에는 학교 선생님들과 학부모가 만나서 상담도 하고, 학교에서 아이들이 무엇을 배우는지 구경도 할 수 있는 날이다.

초등학교의 경우, 담임 선생님과 사전에 약속 시간을 잡아서, 개별 면담을 하게 되고, 중학교와 고등학교는 학년 별로 날짜를 다르게 잡아서, 단체로 컨퍼런스를 연다. 즉, 하루는 7학년 학부모의 컨퍼런스, 그 다음날은 8학년 학부모의 컨퍼런스.. 이렇게 차례로 각 학년의 학부모들을 초대해서, 각 과목 선생님들이 학부형들을 단체로 앉혀 놓고, 아이들의 학습내용과 방법, 경향, 아이들의 개성들을 성의껏 이야기해 주신다. 교장 선생님의 연설도 따로 있다. 개인적인 상담이 필요하면, 선생님들의 설명이 끝나면 5분

정도 이야기 할 수 있다.

나는 미국 가서 얼마 안되어서 이 컨퍼런스가 열려서, 영어로 대화가 힘들었기 때문에, 가기 전 날에 궁금한 점이나 부탁할 점들을 차근차근 종이에 적어서 외워서 갔었다. 그런데, 문제는 리스닝이었다. 나는 열심히 외운 것들을 선생님들께 이야기 했는데, 대답해 주시는 선생님들의 말씀의 많은 부분들을 놓치고 말았다. 하지만, 나의 어눌한 영어와 준비해 간 예쁜 한국 전통 열쇠고리는 선생님들의 동정어린 관심을 자극하기에 충분했던 것 같다. 그 날 이후에 우리 아이들은 선생님의 극진한 동정심(^^)아래, 많은 사랑과 관심을 받을 수 있었던 것 같다.

영어가 잘 안 되더라도, 컨퍼런스에는 용기를 가지고 열심히 참가하자.

24 시장보기, 쇼핑

미국에서는 무농약 유기농(Organic) 야채나 우유, 계란, 치즈, 버터, 고기들을 아주 쉽게 구입할 수 있다. 가격도 한국에 비교하면 아주 저렴하다. 육고기에 비교하면 생선은 좀 비쌌다. 물론 지역에 따라 차이가 있겠지만, 같은 양이라면 육고기가 훨씬 푸짐하고 질이 좋다. 내가 자주 가는 식료품 매장은 윙코(Winco)와 코스코(Costco). 보통 윙코(Winco)는 동네마다 하나씩 있기 때문에 집에서 그리 멀지 않은 곳에서 찾을 수 있다. 코스코(Costco)는 윙코(Winco)처럼 가게가 많질 않아서, 집에서 차를 타고 이 삼 십 분 정도 운전해 나가면 이용할 수 있다. 운 좋으면 집 바로 부근에 있을 수도 있고.

윙코(Winco)는 회원제가 아니며 누구나 자유롭게 장을 볼 수 있으며, 24시간 영업한다. 음식 재료뿐 아니라, 가재 도구, 약간의 문구류, 약, 아이들 장난감, 약간의 책들, 한국이나 일본 라면이랑 간장, 참기름도 있다. 옷이나 전자 제품은 팔지 않는다. 가격은 프레드 마이어(Fred Meyer)나 세이프웨이 (Safeway)와 같은 가게들에 비하면 훨씬 저렴하다.

코스코(Costco)는 연회비를 지불하고 회원이 되어야만 이용할 수 있는 곳이다. 한국에도 서울, 부산, 대구 등 큰 도시에 이미 들어가 있다고 들었다. 선택할 수 있는 연회비는 50달러짜리, 100달러짜리가 있는데, 50달러짜리를 가입하면 싼 코스코(Costco) 물건을 살 수 있고, 매월 날아오는 쿠폰 서비스를 이용할 수 있지만, 나중에 돌아오는 리워드(Reward)가 없고, 100달러짜리는 이러한 서비스 이외에, 1년 동안 쓴 금액의 10퍼센트에 해당하는 체크 (Check)를 현금처럼 쓸 수 있게 집으로 우송해 준다.

그리고, 우리 동네에는 토요일 오전마다 유기농 야채와 과일, 치즈, 꿀, 빵, 화분 등을 농부들이 직접 소비자에게 내다 파는 파머스 마켓(Farmer' s Market)이 열리는데, 나에게는 토요일 오전의 즐겁고 소박한 소일 거리가 되었다. 그 곳에 가면, 좋은 식재료를 구입할 수 있을 뿐만 아니라, 거리의 악사들의 공연도 볼 수 있고, 이 곳 사람들도 구경할 수 있다. 밤 아홉 시만 되면 거의 모든 사람들이 꿈나라로 가 버리는 이곳에서는 낮이 아니면 사람 구경을 할 수가 없다. 토요일 아침의 여유로운 활기를 만끽하려면, 파머스 마켓(Farmer' s Market)이 딱이다. 건강한 음식을 먹고, 건강한 사람들을 볼 수 있다.

여기 와서 우리가 집에서 먹는 식사 메뉴는 거의 모두 한국 음식이다. 때때로 일본 음식과 스파게티, 피자, 햄버거를 만들어 먹기도 하지만, 하루에 한 끼니라도 한국음식을 먹지 않으면 힘을 쓰지 못하는 나이기에, 한국 음식 재료 가게는 나에게 구세주와 같은 곳이다. 집 가까이에 그리 크지 않은 아시안 마켓이 있고, 운전해서 한 시간을 달려 포트랜드(Portland) 가까이 가면, 아주 큰 한국 상점들이 있다. 나는 최근에 생긴 한아름 마트에 한 달에 한 번 정도 가서, 집 부근에서는 살 수 없는 얼린 조기와 한국 참외, 삼겹살, 샤브샤브와 불고기용 쇠고기, 총각 김치, 에이스 크래커, 에이스 크래커를 찍어 먹을 한국 커피 믹스, 떡, 비빔면과 냉면 등을 사온다. 거기에서 자장면과 탕수육도 먹을 수 있고, 거기 있는 모든 점원들이 한국말을 한다. 정말 한국에 있는 대형 마트와 다른 것이 한 가지도 없다. 향수병에 걸렸을 때 그 곳에 가면 싹 낫는다.

그리고, 달러 트리 (Dollar Tree)라는 곳이 있는데, 이 곳은 모든 상품이 1달러밖에 하질 않는다. 놀라울 정도로 다양한 물건들이 구비되어 있다. 제품의 품질이 좀 떨어지는 것도 있지만, 잘 찾아 보면, 그럴듯한 상품들도 많이 있다. 나는 이 곳에서 그릇과 컵을 많이 샀다. 중국산이나 베트남산이 많은데, 그릇들이 예쁘기도 하고 아주 쓸모 있다. 내 일본인 친구 히사에(Hisae)의 생일잔치를 열어 주기 위한 모든 도구들도 이 곳에서 구입했다. 아기자기한 헬륨 풍선들, 1회용 접시와 컵, 플라스틱 스푼과 포크, 생일 촛불, 성냥, 생일카드, 예쁜 그림이 그려진 식탁보, 폭죽… 정말 많은 것을 구입했는데도 15달러를 넘지 않았다. 심심할 때 보물 찾기 놀이하는 기분으로 가면 재미있다.

처음에 미국에 왔을 때, 두 아들과 자주 간 곳이 있는데, 굿 윌(Good Will)이라는 곳이다. 그 곳은 사람들이 필요 없는 물건을 기부(Donation)하면, 그 물건들을 다시 깨끗하게 손질해서 일반인에게 판다. 그 이익금은 불우 이웃을 돕는데 쓰이는 것 같았다. 우리는 그 곳에서 2달러를 주고 귀여운 사각 테이블도 구입했고, 12달러를 주고 로맨틱한 흔들의자도 구입했다. 그 곳에서 미국 사람들이 사용했던 물건들을 보면서 많이 신기해했었다.

내가 예쁜 옷을 사기 위해 자주 간 곳은 두 곳. 로스(Ross)와 티제이 맥스(TJ Max). 모두 집에서 5분만 차를 타고 가면 들를 수 있는 곳이라, 기분 전환하기에 아주 딱이다. 이 두 곳은 공통적으로 유명 브랜드 상품들을 반 이상 할인해서 파는 아울렛(Outlet) 가게라고 보면 된다. 옷뿐만 아니라 그릇, 책, 장난감, 신발, 화장품과 액세서리도 아주 저렴한 가격에 구입할 수 있다. 저렴하다고 많이 사지 않도록 주의하자. 하지만, 가끔씩 달러 트리(Dollar Tree)나 굿 윌(Good Will)의 가격으로 유명 브랜드의 새 상품을 구입할 수 있다. 그야말로 진짜배기 보물찾기이다. 나는 티제이 맥스(TJ Max)에서 유명 브랜드 커피잔 세트를 단 돈 1달러에 구입할 수 있었다.

집에서 한 시간을 운전해서 달려 가면, 포트랜드(Portland) 근처의 우드번(Wood Burn)이라는 곳에 거대한 아울렛 쇼핑몰이 있다. 그리고 오리건 해변을 볼 수 있는 뉴포트(New Port) 근처 링컨 시티(Lincoln City)라는 곳에 텐져(Tanger)라는 아울렛 쇼핑몰도 있다. 그 곳에 가면, 훨씬 더 많은 종류의 가게들이 있고, 가격도 정말 파격적이다. 나는 그 곳에 있는 코치 팩토리(Coach Factory)라는 가게에서 정가 389달러나 하는 명품 코치 핸드백을 단돈 65달러에 구입했다. 할인된 가격의 상품을 또다시 50퍼센트 할인해 주고, 거기에 그 날 운 좋으면 10에서 20퍼센트 추가 할인을 해 주기도 한다. 하지만 과소비 하지 않도록 지출의 예산을 정확히 세워서 갈 필요가 있다.

25 알아두면 좋은 단위 환산법

미국에서 사용되는 많은 단위들이, 우리가 한국에서 어려서부터 배워서 이숙한 단위들과 다르나. 시장을 보거나 옷을 살 때, 몸 무게를 잴 때, 운전할 때, 커피를 주문할 때, 이 단위들이 좀처럼 내게 와 닿질 않아서 힘들어했었다. 간단한 단위 환산표를 냉장고에 붙여 두면, 수시로 볼 수 있다.

- Pound, Ounce & kilogram

  1 파운드(Pound)는 정확히 0.45359237 킬로그램(kg)

  1 파운드(Pound)는 정확히 16 온스(oz)

  한편, 1kg은 약 2.204622621849 파운드

  파운드(Pound) 단위를 표시하는 약자 또는 기호는 lb(LB의 소문자)인데, 이것은 라틴어에

서 천칭저울을 의미하는 리브라(libra)에서 유래한 말

- Fahrenheit & Celsius

섭씨온도(Celsius) = (화씨온도 - 32) ÷ 1.8

화씨온도(Fahrenheit) = (섭씨온도 × 1.8) + 32

- Mile & Kilometer

1 킬로미터(Kilometer)는 0.62 마일(Miles)

- Inch, Feet & Centimeter

1 센티미터(Centimeter)는 0.3937 인치(Inch)

1 Inch = 2.54 cm, 1 Feet = 30.48 cm, 1 Feet = 12 Inch

- Gallon& Liter

갤런(Gallons)곱하기 3.7854는 리터(Liters)

- 신발과 옷 치수

신발은 사이즈가 4부터 10까지, 10 이상 코너도 따로 찾아 볼 수 있다. 나는 한국에서 240을 신었는데, 여기 오니 7과 1/2이나 8 사이즈를 신는다. 내 막내 아들은 한국에서 225나 230을 신었는데, 여기서 6과 1/2이나 7을 신으면 맞았다. 미국에 오자마자 신발 가게에 가서 자기 발 사이즈가 어디에 해당 되는지 신어 보면 금방 알 수 있다.

옷도 작게는 4부터 특대 사이즈까지 있고 Small, Medium, Large, Ex-Large 라고도 표기되어 있다. 나의 경우 한국에서 66사이즈를 입었는데, 여기에서는 옷 사이즈 6이나 7이면 맞았고, Medium사이즈도 아주 충분히 맞았다. 내 사이즈가 한국에서는 Large 였는데, 미국에서는 Medium이었다! 미국 사람들이 크긴 큰가 보다. 내 일본인 친구 쿄코는 작고 마른 체형이었는데, 그녀는 늘 아동복과 아동 신발 코너에서 옷과 신발을 고르고 있었다. 오히려 예쁘고 귀여운 상품들이 많았다.

26 외식 & 레스토랑

미국에 와서 맨 처음으로 외식을 한 곳은 버거킹(Burger King)이었다. 약 5달러를 지불하고 햄버거 세트 메뉴를 시켰더니, 어른 얼굴 크기만한 햄버거가 나왔다. 정말 신기했다. 아이들이 햄버거를 먹는데 너무 커서 좀 불편해 보였다. 하지만, 진짜로 불편했던 건 나 자신이었다. 주문할 때 점원이 말하는 것도 잘 못 알아듣겠고, 점원도 내가 무슨 말을 하고 있는지 전혀 알아듣지 못하는 표정이었다. 결국엔 메뉴에 나와 있는 세트 메뉴 그림을 손으로 가리켜서 두 개를 달라고 했더니, 웃으면서 오케이라고 했다. 말도 못하게 부끄러웠다. 그 점원에게도, 내 아이들에게도 햄버거 하나 제대로 주문하지 못하는 엄마의 모습을 보여주고는 부끄러워서 한 동안 아무 말도 못했다.

햄버거를 주문할 때, 우선 그들이 우리에게 여러 가지 방법으로 무엇을 주문할 것인지를 물어 온다. What can I do for you? Are you ready to order? Which one do you want to order? 등등. 그러면, 우리는 메뉴에 그려져 있는 세트 메뉴(햄버거, 콜라, 감자 튀김이 세트로 되어 있는 메뉴)의 번호와 개수를 주문하면 된다. 예를 들면, 만약에 우리가 Two of number one이라고 주문한다면, 이 때 Two 는 개수고, number one은 세트메뉴번호를 의미한다. 여기서는 세트메뉴를 Meal이라고 한다. 절대로 세트메뉴라고 부르지 않으니 주의하자. 그리고, 세트메뉴와 상관없이 햄버거만 사먹고 싶을 때에는, Only sandwich라고 하면 된다. 즉 치즈 버거 하나만 주문하고 싶으면 One Cheeseburger, only sandwich, please. 라고 말하면 알아듣는다. 나는 이렇게 주문 할 수 있기까지 6개월은 족히 걸렸던 것 같다. 미국 사람들이 주문하는 것을 눈여겨 보고 귀담아 들어서 터득한 결과, 이제는 그 어려운 드라이브 쓰루도 아주 자연스럽게 할 수 있게 되었다. 그리고, 요즘 이 곳 맥도널드에서는 매주 목요일마다 빅맥을 두 개에 3달러로 판매한다. 우리는 햄버거가 먹고 싶어도 가능하면 목요일에 가도록 해서 아주 싸게 햄버거를 먹는다. 이와 같은 할인 행사는 수시로 있으므로, 집으로 날아 오는 광고지도 꼼꼼히 보자. 돈도 아낄 수 있고, 영어 공부에도 도움이 된다. 집 부근의 레스토랑에서도 이와 같은 할인행사나 쿠폰 행사를 많이 한다. 이 정보들도 우편으로 대부분 배달되므로, 광고지 읽기를 즐겨 하면, 저렴한 비용으로 외식도 할 수 있다.

우리 가족이 잘 이용하는 레스토랑은, 양식을 주로 먹을 수 있는 패밀리 레스토랑, 일식집, 베트남 요리 집, 중국 뷔페 식당, 멕시칸 요리집 등이다. 이러한 레스토랑에서는, 처음에 식당에 들어가면, 종업원이 안내해 줄 때까지 입구에서 기다리다가, How many?하고 물어오면, 사람 수를 말하면 자리로 안내해 준다. 그리고, 자리에 앉으면, 바로 물을 내어 주는 것이 아니고, 보통은 Do you want something to drink?라고 물어 온다. 그러면 우리는 원하는 음료를 주문하거나, Just water(ice water나 hot water를 주문할 수 있다.)이라고 말하면 된다. 그들이 음료와 물을 준비하는 동안에 우리는 메뉴 판을 보면서 주문할 음식을 정한다. 종업원이 음료를 테이블에 서빙하고 나면, Are you ready to order or do you need more time to order?라고 종업원이 묻는다. 아직 주문할 메뉴를 결정하지 못했으면, We need more time. 또는, 간단히, Later. 이라고 말하면 나중에 다시 종업원이 와 준다. 맛있는 요리 주문과 식사가 끝나면, Anything for dessert?라고 물어 온다. 디저트가 필요 없으면, Sorry, we are full.이라고 사양하면 된다. 보통 디저트가 메인 메뉴에 포함되어 있지 않으므로, 잘 확인하자.

그러고 나면, 직원이 청구서를 가져다 준다. 그러면 청구서와 함께 카드나 현금을 서빙 직원에게 건네주면, 그들이 다시 카드와 사인할 종이를 우리에게 가져다 준다. 그 때 우리가 신경을 써야 할 일이 생기는데, 바로 팁이다. 현금으로 팁을 주고 싶으면, 금액의 15~20퍼센트에 해당하는 현금을 테이블 위에 두면 되고, 카드 결재하고 싶으면, 사인할 종이에 팁 금액까지 추가 기입한 뒤, 합계 금액을 기입하고, 사인하면 된다. 팁을 기입할 수 있도록 사인할 종이에 팁을 쓰는 공간이 마련되어 있다.

팁 계산까지 예시되어 있는 영수증 예시

우리가 자주 이용한 음식점들

패스트푸드 점: McDonald, Burger King, Carlos Junior, Jack In The Box, Sub Way, Dairy Queen, Pizza Hut, Izzy' s Pizza

미국식 패밀리 레스토랑: Apple Bee, Ruby Tuesday, IHOP

그 외 베트남 요리점, 멕시칸 요리점, 한국식당, 일본식당, 중국 뷔페 식당

27 주유소

미국의 주유소는 대부분 본인이 직접 주유를 해야 되지만, 이 곳 코발리스(Corvallis)에서는 주유소 종업원들이 아주 친절하게 직접 주유를 해 준다. 여기서는 따로 팁을 지불하지 않아도 된다.

주유소에 들어가면, 우선 시동을 끄고 주유구를 열어준다. 그 다음에, What can I do for you? 라고 물어오면, Fill regular (Regular fill도 괜찮다.), please라고 하거나 Fill of regular이라고 말하면 된다. 물론 더 높은 급의 가솔린을 넣고 싶으면 선택해서 주문하면 된다. 주문함과 동시에 신용카드를 건네면, 가솔린을 넣기 전에 직원이 카드 승인을 받고 카드를 돌려 준다. 만약에, 은행 직불 카드(Debit Card)를 사용하게 되면, 운전석에서 내려서 비밀번호(Pin Number)를 직접 기계에 눌러 주어야 하는 불편함이 있다. 그래서, 나는 주유할 때는 신용카드를 사용한다. 그리고, 주유가 끝나면 영수증을 준다. 그러면 시동 켜고 집에 오면 된다.

만약에 코스코(Costco)회원이면, 매장 바로 옆에 있는 코스코(Costco) 주유소에서 아주 저렴한 가격으로 주유할 수 있다.

본인이 주유를 할 경우에도 절차는 같다. 기계에 카드 긁고, Zip Code(우편번호) 누르고, 가솔린 종류 선택하고, 주유기를 자동차 주유구에 넣고 주유기의 손잡이를 꽉 쥐면, 주유가 시작되었다가 Full이 되면 저절로 멈춘다. 서부 여행 내내 이 일은 내 아들들이 자진해서 맡아서 해 주었다. 간단하게 자동차 창문도 닦을 수 있도록 세제와 스펀지도 준비되어 있으니 여행 중간 중간에 잘 이용하자.

미국의 주유소 풍경은 지역마다 많은 차이가 있다. 워싱턴에 다녀온 친구의 말을 빌리면, 주유소가 꼭 감옥 같았다고 했다. 건물 문을 걸어 잠그고 쥐구멍 같은 구멍을 통해 돈을 받는 주유소도 있다고 했다.

28 자동차 타이어 체크하기

자동차 타이어는 수시로 점검해 볼 필요가 있다. 펑크가 나거나(Flat Tire) 타이어 공기압(Air Pressure)이 너무 낮을 때, 나는 LES SCHWAB Tire Center라는 타이어 서비스 가게(체인점)로 가곤 한다. 그 곳은 자동차 공기압 체크를 무료로 해 준다. 공기가 부족하면 공짜로 넣어 주고, 공기가 너무 많이 들었다 싶으면, 공짜로 바람을 빼 준다. 나는 너무나 꼼꼼히 체크해 주는 직원이 고마워서 음료수 하나 사 먹으라고 2-3 달러 정도 팁을 손에 쥐어 주곤 한다.

스노우 체인(Snow Chain)도 이 곳에서 구입할 수 있다. 작년 겨울에는 이 곳에 눈이 많이 내려서, 스노우 체인을 구하기가 쉽지 않았다. 겨울에는 눈길을 대비해서 스노우 체인을 미리 구비해 두자.

그리고, 운전 중에 타이어 펑크가 나면, 내가 회원으로 가입해 둔 트리플 에이(AAA)에 연락한다. 그러면 금새 달려 와서 스페어 타이어로 갈아 끼워 준다.

나는 석 달에 한 번씩은 타이어 체크를 받고 있다.

29 세차하기

미국 사람들은 우리 나라 사람들만큼은 자주 세차를 하지 않는 것 같았다. 물론 사람에 따라 차이가 있겠지만, 자동차에 손가락으로 글을 새길 수 있을 정도로 흙과 먼지가 뒤덮이면 겨우 세차를 할 마음을 먹는 것 같았다.

보통 주택이나 타운 하우스, 그리고 몇몇 오래된 아파트 단지에는 세차를 할 수 있는 공간이 마련되어 있다. 차고 바깥쪽에 보면 호스를 연결해서 세차를 할 수 있게 되어 있다. 우리 집에서는 두 아들이 세차 담당이다. 아이들은 타운 하우스에 살 때나 아파트 단지로 옮긴 지금이나 집에서 정성을 들여서 세차를 한다.

만약 세차를 할 수 있는 공간이 없다면, 코인 세차장을 이용하면 된다. 코인을 넣고 정해진 시간 내에 소방 튜브같이 생긴 호스로 파워 워쉬(Power Wash)를 하고, 자동차 내부 청소도, 그 옆에 마련돼 있는 배큠(Vacuum)을 사용하면 간편하다.

주유소에서 주유를 하거나, 엔진 오일 가게에서 엔진오일을 갈면, 무료로 세차를 해 주기도 한다. 주위 사람들에게 정보를 얻어서, 돈 적게 들이고 세차하는 방법을 알아 두도록 하자.

30 극장

나와 아이들은 극장에 가서 영화보기를 정말 좋아하고, 기대에 차서 새로 개봉되는 영화들을 기다린다. 집에서 DVD로 영화를 볼 때보다 훨씬 사운드가 좋고, 거대한 화면으로 영화를 보면 더 사실감을 느낄 수 있어서 영화 속에 내가 들어가 있는 듯한 느낌이 든다. 이 곳 Carmike 극장은 매주 화요일마다 팝콘과 콜라가 각각 1달러밖에 하지 않는다. 다른 날 가면 팝콘과 콜라 가격이 영화관람료와 맞먹는다. 팝콘을 주문할 때 점원이 Do you want some butter on it? 이라고 물어온다. 팝콘에 버터를 더 뿌려줄까? 하는데, 예스라고 하면 액체 버터를 엄청 뿌려 준다. 너무나 느끼해서 먹고 나면 반드시 집에 가서 김치 찌개나 한국 라면을 먹어야 한다. 그래서 나는 이때 Just a little bit이라고 말해서, 버터를 아주 조금만 뿌려달라고 부탁한다. 영화 관람료는 학생이 6~8달러, 어린이도 6~8달러이다. 영화에 따라서 가격이 조금씩 다르다. 극장 갈 때 꼭 학생증을 챙겨가자. 나이가 아무리 많아도 학

생증을 보여 주면, 학생 할인을 받을 수 있다.

영화를 고를 때, 우리는 미성년자 관람불가와 같은 나이 제한 표시를 확인해야 한다. 미국의 연령제한 표시는 아래와 같다.

- NC-17(No Children): 17 or older (17세 이하 미성년자 관람불가),
- R(Restricted): Under 17 Requires Accompanying Parent or Adult Guardian (제한조건부 허가: 17세 이하는 부모나 성인보호자 동반 시 관람가),
- PG(Parental Guidance Suggested): 보호자의 지도 필요, 연령제한은 없으나 부모나 보호자의 지도가 요구되는 영화,
- PG-13(Parental Guidance-13): PG 영화에 속하나 특히 13세 이하 어린이들에게 엄격한 주의와 지도가 요구되는 영화,
- G(General Audiences): 일반용, '연소자 관람가' 영화로 연령에 제한 없이 누구나 관람할 수 있는(All ages admitted) 영화

영화를 보면서 우리의 영어 듣기 실력도 스스로 평가해 볼 수 있다. 거기에, 아이들과 내가 공유하고 이야기를 나눌 수 있는 화제거리가 생겨서 참 좋다. 영화 하나를 보고 나면, 한 일주일 동안은 그 영화에 대해서 자신들의 의견을 줄줄이 늘어놓곤 한다.

우리가 미국에 와서 수 많은 영화를 보았는데, 기억에 아주 많이 남아 있는 영화중의 하나가 '쿵후팬더' 이다. 그 날의 나의 다이어리를 첨부한다.

2008. 06. 20 금요일

다이어리 내용

'쿵후팬더' 라는 영화를 보고왔다.

- Narnya, Iron man, Hulk, 그 담으로 본 영화라서, 나의 영어 실력을 가늠해 볼 수 있는 시간이었다.
- 이 영화는 거의 100퍼센트에 가깝게 이해 할 수 있었다. 내용이 평이하고, 캐릭터들의 음성이 친숙한 목소리들이어서, 더 이해를 도운 것 같다. 내가 한 때 좋아했던 더스틴 호프만, 재키 챈이 목소리를 더빙해 주었고, 주인공 팬더는 너무나 사랑스러웠다.
- 이 영화에서 두 가지 교훈을 얻었다.
  1. Believe yourself!
  2. Yesterday is history, tomorrow is mystery, today is a gift~!
- 두 가지 다 영화에 인용되어 나왔던 말들인데, 머릿속에서 지워지질 않는다.

한아, 유야, 너희들도 자신을 훌륭한 사람이 될 거라고 굳게 믿어봐. 그러면, 너희는 저절로 훌륭한 마음을 갖게 되고, 훌륭한 행동을 하게 될 거야. 그리고, 매일 매일을 신이 주신 선물이라고 생각하고, 소중히 가꾸어 나가면, 그 결실은 너희들이 기대했던 것 보다 훨씬 값진 모습으로 나타나 줄 거야.
근데, 우리 담엔 무슨 영화 볼까?

31 Garage Sale, Moving Sale, Yard Sale

집에서 그리 멀지 않은 곳에서 열리는 Garage Sale(본인의 집의 차고나 마당에서, 쓰던 물건들을 저렴한 가격으로 내다 파는 것)이라면, 눈요기로 다녀와도 재미있다. 꼭 살 것이 없더라도, 한 가정의 생활 문화를 한 눈에 볼 수 있다. 어쩌다가 보물 찾기처럼 정말 좋은 물건을 단 돈 1, 2 달러로 장만할 수도 있다. 특히, 아이들을 키우고 있는 가정의 물건들은 눈여겨 볼만 하다. 중고 책이나 장난감, 학용품을 너무나 저렴하게, 또는 잘 말하면 공짜로 얻을 수도 있다. 이러한 세일 정보는 지역 신문이나 지역 신문의 홈페이지, 그리고, 커뮤니티 게시판 등에서 쉽게 알 수 있다. 그리고 토요일이나 일요일에 동네를 산책하다가도 우연히 이러한 곳들을 쉽게 발견할 수 있다. 이런 곳에서 물건을 구입할 때, 달라는 가격을 다 주지 말고, 꼭 깎을 필요가 있다. 사람들이 깎아줄 맘으로 처음에는 가격을 높게 부른다.

32 병원과 처방전

미국에서는 되도록이면 아프지 말아야 한다. 병원비가 너무 비싼데다가 아파서 병원에 다녀야 하는 수고스러움과 시간의 허비를 줄여야 한다. 물론 아이들이나 어른이나, 언제 어디서 다칠지 모를 일이지만, 늘 건강에 유념하자.

만약에 아프거나 다치면, 병원에 보험증서를 반드시 챙겨가서 보험 가입 사실을 처음에 말하도록 하자. 보통, 이 곳의 병원은 주치의 제도로 운영되고 있었는데, 우리 같은 외국인은 주치의가 있을 리가 만무하다. 큰 아이가 눈병을 호소했을 때, 일반 안과에 갔더니, 응급실(Immediate Care)로 가서 간단한 치료를 받으면, 그 곳에서 개인 병원이나 종합 병원으로 연결해 준다고 했다. 그래서, 우리는 바로 Immediate Care로 가서 검사와 치료를 받았다. 만약에, 보험 가입이 되어 있지 않을 경우에 400달러가 나오는 치료였는데, 보험의 혜택을 받아서,

160달러만 지불했다. (병원에 간 날 지불하지 않는다. 보험처리 후에 병원에서 집으로 청구서를 보내 준다. 그러면, 우리는 그 청구서에 적혀 있는 금액을 체크에 기입해서 반송하면 된다.) 하지만, 보험 적용 후의 금액으로서도 160달러는 적지 않은 비용이라는 느낌이 들었다.

나의 경우에 치과엘 간 적이 있는데, 보험 적용을 못 받아서, 이빨에서 분리 되었던 금을 붙이기만 했는데도, 150달러를 지불했다. 정말 아까웠다. 그 날 이후로, 껌이나 젤리같이 끈적거리는 음식은 절대로 입에도 대지 않고 있다.

이 곳에서 활동하고 있는 한인 의사들도 있다. 지인이나 교회를 통해서 한국인 의사 선생님들의 전화번호를 알아 두면 좋다. 물론 한국 의사 선생님을 주치의로 정해 두어도 편할 것이다.

병원 진료가 끝나고 약이 필요할 경우에 처방전을 발급해 주는데, 보통 환자가 쉽게 약을

탈 수 있는 약국으로 처방전을 보내 준다.

한 번은 큰 아이 눈병 때문에 처방전을 발급받아서, 집 가까이 있는 약국에 가서 약을 받은 적이 있는데, 그 값이 만만치 않았다. 우리는 치료받은 날 집 근처 마트에서 안약을 사서 쓰기 시작했고, 하루 자고 나니 아이의 눈이 많이 호전되어 있었기에, 약국에 가서 그 비싼 약들을 반납했다. 약국에서 처방전에 맞추어서 조제해 주는 약은, 마트에서 사는 약보다 열 배는 비싼 가격이었다.

33 안경과 시력 검사(Eye Exam)

이 곳에 와서 우리 나라의 안경이 얼마나 저렴한지도 알았다. 큰 아들은 시력이 아주 나쁘다. 그래서, 한국에서 여기 올 때 끼고 온 안경 이외에 두 개를 더 맞추어 왔다. 그런데, 성장기인 아이는 엄청 빠른 속도로 성장함과 동시에 시력은 급격히 떨어지는 것이었다. 아이가 학교 칠판이 보이질 않는다고 해서, 시력 검사 차 안과엘 들렀다. 시력 검사 하는데, 별별 안약들을 다 넣어서 검사해 주고는 65달러를 달라고 했다. 그나마 그 병원이 Costco 안에 있는 병원이라, 회원들에게 할인 혜택을 주기 때문에 싼 것이란다. 와우… 한국에서는 공짠데! 거기에다, 안경을 맞추면, 안경 테와 알을 합해서 족히 150-200달러는 든다. 그래서, 나는 이 곳에서 시력 검사한 결과를 한국으로 스캔 해서 보내서, 남편이 미국에 올 때 아이의 안경을 만들어 올 것을 부탁했었다.

미국에서는 사람 손이 가는 모든 일은 엄청나게 비싼 것 같다. 우리나라가 얼마나 좋은 나라인지 실감할 수 있는 기회들이 널려 있다.

34 이발

나처럼 아들만 둔 엄마들은, 아이들 이발비가 장난이 아니게 많이 든다고 걱정이다. 머리카락은 얼마나 빨리 자라는지, 매월 이발관에 데려 가면, 연간 150달러 정도, 아들이 둘이면 300 달러가 이발비로 나간다. 한국에서는 이 정도의 지출에는 신경도 쓰지 않았었는데, 여기 오면, 환율 변동에 민감해져서, 자투리 돈도 철저하게 절약하게 된다.

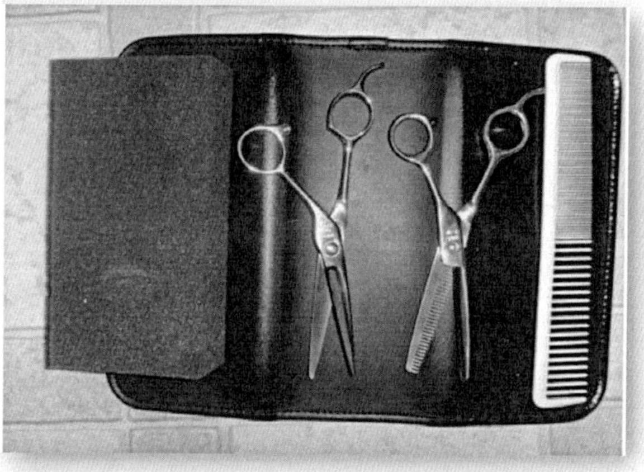

나는 여기 올 때 이발 기구를 장만해 왔다. 미국에 오기 전에, 한국에서 남편과 아이들이 단골로 다니던 이발관 아저씨한테 단 한 번 이발 레슨도 받았었다. 그런데, 막상 아이들 머리 손질을 하려고 하니, 정말 어려운 노릇이었다. 한두 차례 아이 머리카락을 정말 우스꽝스럽게 잘랐다가, 아이들로부터 얼마나 원망을 들었는지…… 하지만, 이제는 이발관을 열어도 될 정도가 되었다. 어디까지나 내 생각일 뿐이지만. 하하!

35 교회에 가 보기

평소에 교회에는 관심이 없었던 나였기에, 여기에서도 교회에는 갈 생각이 없었다. 하지만, 이 곳에서는 교회라는 곳이 종교활동을 위한 목적도 있지만, 머나먼 타국에서 서로 의지하고 도움을 주는 곳이다. 이사를 하거나, 아프거나, 정보가 필요하거나, 보증인이 필요하거나 등등, 그 어떤 도움이 필요할 때 교회에 의뢰하면 척척 해결이 된다. 이 곳의 목사님들은 이러한 일들에 사명감을 가지고 계신 듯 했다. 그리고, 아이들도 일 주일에 한 번 교회에 가서 한국말 실컷 할 수 있는 한국 친구들과 놀면서 스트레스를 푸는 듯 보였다. 하지만, 나는 일요일에도 학교 숙제 때문에 교회에 꾸준히 나가지 못했다. 숙제와 시험 공부, 그리고 일 주일간 먹을 밑반찬을 만들어 놓을 수 있는 시간을 벌고 싶었기 때문에, 아이들만 교회에 데려다 주곤 했다. 아이들은 교회에서 여기서 대학을 다니고 있는 한국인 형들, 누나들과 함께 시간을 보내면서, 자신들의 롤모델을 찾아 닮으려고 하는 것 같았다. 두루두루 좋은 점이 많다.

36 중고 피아노 구입하기

이곳에는 가제트타임즈(Gazettetimes)라는 지역 신문이 있다. 5센트만 주면, 윙코(Winco)에서도 살 수 있고, 큰 상점 앞에 놓인 자판기에서도 살 수 있다. 인터넷 신문도 있는데, http://www.gazettetimes.com/에 들어가 보자. 이 지역의 상세한 뉴스와 정보들이 가득하다. 나는 이 신문에서 중고 피아노 매매 광고를 보고, 직접 미국인 가정에서 내놓은 피아노를 구입했다. 한국에 비해서 피아노는 더 좋았는데, 가격은 거의 한국에서의 가격의 50퍼센트 정도밖에 되지 않았다. 물론 나의 깎기 작전이 성공한 결과이긴 하지만! 한국에서 음악학원을 경영할 때, 수많은 중고 피아노를 구입해 봤지만, 이렇게 훌륭한 피아노를 이렇게 저렴하게 구입해 보기는 난생 처음이었다. 20년 된 원목 피아노인데, 350달러밖에 지불하지 않았다. 운반해 오는 일이 보통이 아니었지만, 고맙게도 그 당시 내가 공부하던 영어 클래스 친구들과 한국 유학생들 총 일곱 명이 트럭을 빌려서 함께 운반해 주었다. 반면에 이곳에도 그레이스 윈드(Grace Wind)라는 악기점이 있는데, 거기의 중고 피아노 가격은 직거래에 비해서는 턱없이 비쌌다. 하지만 새 악기들은 한국에 비해 저렴했다. 악기를 대여해서 쓸 수도 있는데 악기에 따라 다르지만 피아노의 경우, 매월 80불 정도를 지불해야 했으며, 혹시 반납할 때 악기에 약간의 상처라도 있으면, 돈을 추가로 더 내야 한다. 그러느니 차라리 한 대 사서 쓰다가 한국으로 귀국할 때 되팔고 가는 편이 좋을 것 같다는 생각에 나는 중고 피아노를 구입했었다.

37 도서관은 보물 창고

나와 아이들은 오리건 주립대학 도서관에서 거의 살다시피 했다. 평일에는 학교 수업을 잘 따라 가기 위해 예습과 복습을 했고, 주말에는 숙제와 시험공부를 했고, 남는 시간에는 영어로 된 책들을 쌓아 놓고 읽었으며, 그리고 여름에는 무더위를 피하기 위해 도서관으로 달려가서 공부도 하고, 아이들과 잡담하면서 놀기도 했다.

학교 도서관 외에, 시가 운영하는 도서관, Public Library도 있는데, 이 곳이야말로 아이들과 나에게는 보물창고다. 이 곳에는 아기들이 볼 수 있는 책부터 노인들이 즐겨 찾는 책까지 아주 다양하게 구비되어 있고, 가끔씩 이 책들을 아주 저렴한 가격으로 판매하기도 한다. 영화DVD나 비디오 테이프도 정말 많다. 나는 도서관에서 책을 읽어 주는 CD를 빌려서 운전하면서 들었는데, 리스닝 실력을 늘리는데 엄청 도움이 된 것 같다. 거기에, 스토리 텔링(Story Telling)을 비롯한 여러 가지 문화 행사들도 열린다. 한 번은 어른들을 위한 스토리 텔링을 들으러 갔다가, 스토리 텔러의 연기와 스토리에 너무 감동을 받은 나머지 그 자리에 앉아서 엉엉 운 적도 있다. 이 곳의 홈페이지 주소는 http://library.ci.corvallis.or.us/이다.

38 환율이 올랐을 때

미국에 와서 내 머리를 가장 지끈지끈 아프게 했던 것은, 바로 이 환율이었다. 작년(2008년) 후반부터 가파르게 오르기 시작한 달러는 올 해 중반이 될 때까지 그 높은 언덕에서 내려올 줄을 몰랐다. 내가 미국에 처음 왔을 때 1달러는 약 천 원이었다. 갑자기 천육백 원까지 오르더니, 요즘엔 다행히도 천이백 원대로 떨어졌다.

작년에는 그야말로 껌 하나를 사더라도 손이 떨렸었다. 환율공포증이라는 병명을 붙여도 될 것 같다는 생각을 했다. 이 증세는 여기 있는 모든 한국 사람들의 공통적인 증세였다. 손님을 청해 밥 한끼를 먹을 엄두조차 내질 못했었다. 그 당시에 여기 있는 수많은 한국 학생들이 학업을 포기하고 한국으로 돌아 갔다.

그 때, 나는 경비를 줄일 수 있는 방법을 매일같이 고민하다가, 결국은 작은 아파트로 이사를 가는 편이 좋겠다고 생각하고, 아이들 학교에서 가까운 아파트를 알아보기 시작했다. 때마침 작은 아이 학교에서 걸어서 5분 거리에 있는 아파트에 사시던 한국에서 오신 교환교수님 가족이 귀국을 준비하고 계셨던 터라, 우리는 쉽게 그 집으로 들어갈 수 있었다.

이사한 후에, 우리의 생활비는 절반으로 줄었다. 타운 하우스에 살 때는 주택을 유지하는 비용만으로 렌트비와 합쳐서 1,600달러 정도가 들었는데, 여기서는 800달러 정도가 든다. 수도세와 쓰레기 분리 수거 비용을 아파트에서 지불해 주고 있고, 집을 줄였기 때문에 전기요금도 반으로 줄었다. 그리고, 아파트 내에 실외 수영장과 휘트니스센터가 있고, 바베큐를 즐길 수 있는 도구들과, 손님을 초대해서 파티를 열 수 있는 파티 룸도 따로 있다. 우리는 이 곳에 이사 와서 행복지수가 훨씬 높아졌다. 아이가 학교에 갈 때 스쿨버스를 타지 않고 걸어갈 수 있어서 좋고, 이 더운 여름에 수영장에 무료로 몸을 풍덩 담굴 수 있고, 친구들과 바베큐 파티도 열 수 있다. 무엇보다도 환율이 더 올라도 끄떡 없다는 점이 내 마음을 한결 가볍게 해 주었다. 환율 방어 대책 대성공!

39 이사하기

이사할 때는 어쩔 수 없이 주위 친지들의 도움을 받아야만 한다. 이삿짐 센터 사람들에게 맡기면, 몇 백만 원이 순식간에 날라간다. 내가 생활비를 줄이기 위해 이사를 할 때도 많은 친구들의 도움을 받았다. 같이 영어 공부를 하고 있던 젊은 총각들과, 일본인 친구 쿄코, 그리고, 승렬씨와 그 친구들, 현성이 아빠, 아시안 마켓 사장님.. 내가 힘들어하기만 하면, 언제나 부탁하지 않아도 나를 도와주는 사람들이 있었다. 정말 감사한 사람들이다.

우리를 도와줄 사람들이 확보되고 나면, 이사할 날짜에 맞추어서 트럭을 빌리는 일이다. 당일에 빌릴 수도 있고, 그 전 날 빌려 놓아도 된다. 약 20달러로 유홀(U-Haul)트럭을 빌릴 수 있는데, 가장 저렴한 보험에 가입하면 총 40-50달러 정도에 트럭을 빌 수 있다. 홈페이지에 가보자. http://www.uhaul.com/

나는 중고 피아노를 운반해 올 때도, 이사할 때도 이 트럭을 이용했는데, 주의해야 할 것이 있다. 처음에, 트럭을 빌릴 때, 트럭에 이미 나 있는 상처들을 꼼꼼히 체크해야 한다. 체크해서 내용을 표시하는 종이가 있는데, 트럭의 그림 이 곳 저 곳에 상처 표시를 꼼꼼히 하자. 물론, 트럭 몸체에도 표시해 둘 수 있는 스티커 몇 장을 점원이 건네 주는데, 잘 활용하자. 나중에 우리에게 그 상처들의 책임을 물어 오면, 우리가 비용을 더 지불해야만 한다.

40 미국에서 운동하기

미국에 오기 전의 내 몸은, 그야말로 손 볼 곳이 한 두 군데가 아니었다. 특히, 늘 피아노 앞에 앉아서 아이들을 가르치고, 컴퓨터 음악 제작 과정을 예술 고등학교 학생들에게 지도하기 위해 컴퓨터 앞에서 몇 시간씩을 앉아 있어야 했던 나의 허리는 금방이라도 주저 앉아서 일어날 수 없을 정도로 위태로운 상태였다.

이 곳에 와서 나는 걷기와 달리기, 그리고 스트레칭을 시작했다. 몸이 아프거나 생리기간이 아니면 매일, 주중과 주말 상관없이 운동을 해 왔다. 그 덕분에 나는 이 곳에 와서 허리가 아픈 적이 한 번도 없었다. 나는 한국에서 추위를 아주 심하게 탔다. 그런데 운동을 시작한 후로는, 추위를 거의 타지 않는다. 이 곳 사람들이 옷을 너무 심하게 얇게 입고 다닌다고 이상하게 생각했었는데 이제 나도 민소매 셔츠를 잘도 입고 다닌다. 겨울에도 그다지 추위를 느끼지 않는다. 한국 가면 한 겨울에도 온통 창문을 열어놓고 살 것 같다.

내가 건강해지면서, 아이들도 함께 건강해지고 있다. 나와 함께 뛰게 되었고, 나와 함께 몸에 좋은 야채와 과일들을 먹게 되었다. 내가 한국에서 일할 때는 아이들을 잘 챙겨주지 못했는데, 여기서는 아이들이 알아서 좋은 음식을 찾아 먹는다.

좋은 공기를 들이마시고, 좋은 음식을 씹어 먹고, 좋은 음악을 들으면서 운동을 하니, 온 세상이 좋기만 하다. 영화 '박물관이 살아 있다(Night at the Museum) 2' 를 보면, 우리의 행복의 조건은 사랑(Love)이 아니고, 운동(Exercise)이라고 말하는 장면이 나온다. 나도 이 곳에서 사랑하는 남편의 사랑을 곁에서 느껴 볼 수 없지만, 운동을 하고 나면, 그 공허함의 많은 부분이 채워지는 것을 느낀다.

41 미국인 친구들과 파티하기

영어도 제대로 못하는데, 미국인을 집에 초대하는 일은 마음에 부담이 되는 일이나. 하지만, 한국 음식을 준비하고, 음식 재료와 요리 방법을 소개해 줌으로써 말문을 터 나갈 수 있다. 음식과 관련된 한국 전통 문화들을 찬찬히 알려줄 수 있고, 노트북으로 인터넷에 실려 있는 사진들을 보여 줄 수도 있다.

나는 나의 컨버세이션 파트너(Conversation Partner, 오리건 주립대학에서 매 학기마다 영어 회화 파트너로 미국인 친구를 소개해 준다.)를 비롯하여 아이들의 영어 튜터 부부, 미국인 친구, 페루 친구, 대만과 중국 친구, 일본인 친구들을 횟수를 기억할 수 없을 만큼 수없이 초대했고, 그들도 나와 내 아이들을 기꺼이 초대해 주었다. 거의 금요일 저녁에는 저녁 식사 약속이 언제나 잡혀 있었다.

매주 금요일 저녁의 파티에서 이루어지는 영어 프리토킹(Free Talking)은 나를 긴장하지 않고 말 할 수 있게 해 주는 진정한 영어 회화 연습의 장이 되어 주었다. 미국인 친구들에게는 스스럼없이 미국의 슬랭이나 속어들을 물어 볼 수 있었고, 몰랐던 문법이나 요즘 유행하는 비문법적인 단어들을 쉽게 배워 올 수 있었다. 내 아이들도 나 못지 않게 이 기회를 놓치지 않고, 열심히 영어로 사람들과 대화했다. 아이들의 영어가 늘어가는 모습을 내 눈으로 지켜 볼 수 있는 절호의 기회이기도 했다.

나는 그들에게 김밥, 김치찌개, 된장찌개, 잡채, 파전, 김치전, 불고기, 삼겹살, 잡곡밥, 찰밥, 쇠고기국, 미역국, 매운 양념 통닭, 삼계탕, 국수, 김치를 번갈아 가면서 대접했었다. 실은 한국에서 일만하고 살았던 나였기에, 요리에는 별로 자신이 없었지만, 그들이 맛있는 건지 맛없는 건지 알 리가 만무하다. 아무렇게나 한 요리 인데도, 그들은 그릇을 싹싹 비워 주었다. 덕분에 나의 요리 실력은 요리 전문가 못지 않게 향상되었다. 역시나 내 생각일 뿐이지만. 호호!!

42 미국에서 오픈카 타 보기

이곳에서 아주 많이 볼 수 있는 차 중의 하나가 오픈카이다. 여기서는 오픈카를 컨버터블 카(Convertible car)라고 부른다. 한 동안 나는 이 컨버터블 자동차에 필이 꽂혀서 지나가는 자동차들을 넋 놓고 보곤 했다. 렌트해서 타 보고 싶었지만, 이 곳 코발리스(Corvallis)에 있는 렌트샵에는 컨버터블 자동차가 없었다. 포트랜드(Portland)까지 가야 겨우 렌트해 올 수 있다는 말에 귀찮아서 포기했다가, 중고 자동차 가게에 가서 맘껏 구경이라도 할 생각에 몇 곳을 방문했다. 내가 하얀 머스탱 컨버터블 자동차를 뚫어지게 보고 있으니, 점원이 혹시 시승해 보지 않겠냐고 권했다. 와우! 기대하지도 않았던 시승의 기회! 나는 사지도 않을 거면서, 15분간의 시승의 기회를 놓치지 않았다. 다운타운을 뚜껑 열린 아름다운 자동차를 타고 달리니 날아갈 것 같았다. 차는 땅을 달리는데 내 마음은 하늘을 날았다. 마흔을 넘기기 전에 꼭 해보고 싶었던 일 중의 하나가 노란 스카프 휘날리면서 오픈카 타 보는 일이었는데, 짧은 시간이나마 소원성취했다. 아이들과 함께 한 로맨틱 오픈카 시승은 평생 잊지 못할 추억이 되었다.

시승을 하는 동안에 웃지 못할 에피소드 한 가지. 한참을 흥분해서 운전을 하고 있는데, 경찰이 우리를 뒤따라오는 것이었다. 황홀함도 잠시, 나는 오오 마이 갓을 외치면서 내가 무슨 교통위반을 했는지 생각을 해 보았다. 아무리 생각해 보아도 내가 잘못한 것은 없었다. 하지만 경찰이 나에게 다가오자 나는 차분하게 운전석에 앉아서 두 손을 핸들 위에 올려 놓고 미소를 머금고, What' s wrong? 하고 물었다. 미국에서는 경찰이 내 차에 다가오면 운전석에 가만히 앉아서 두 손을 핸들 위에 올려 놓고 있어야 한다. 문을 열고 나가면 경찰을 위협하는 것이 되므로 주의해야 한다. 경찰은 자동차의 번호판의 유효기간이 지났단다. 나는 중고 자동차 가게의 차를 시승 중이라고 이야기 했더니, 중고 자동차 가게에 알려주라고 하면서 하하하 웃는다. 그는 그 와중에도 내 면허증 검사하고, 자기네들끼리 무전기 주고 받고 하면서 5분은 허비했던 것 같다. 행운의 시승 15분이 10분으로 줄어드는 순간이었다. 하지만 10분 동안의 달콤한 시승의 순간은 나와 아이들에게 색다른 행복을 느끼게 해주기에 너무나 충분했다.

43 Halloween Day(할로윈데이)

할로윈데이(Halloween Day, 10월 31일)는 미국 어린이들이 일년 중 가장 기다리는 날이다. 이 날이 다가오면 거의 모든 미국 가정에서 기괴한 모습의 호박 장식을 만들어서 현관 밖에 내 놓는다. (우리도 정말 큰 호박 한 덩어리를 사서, 속은 다 파 내어서 전을 부쳐 먹었고, 껍질에 눈 코 입을 만들어서 현관 앞에 내 놓았는데, 며칠 지나니, 곰팡이가 펴서 버려야 했다.) 손수 만들거나 가게에서 구입한 해골이나 끔찍하게 생긴 괴물 가면 등도 문 앞에다 걸어 놓는다. 반면에 정말 귀엽게 생긴 호박 모양의 전등을 집 앞이나 집 안에 장식해 두기도 한다. 할로윈데이가 가까워 지면, 어느 마트 할 것 없이 온통 코스튬(Costume)으로 어지럽다. 아이부터 어른까지 자기가 걸칠 코스튬을 고르고 코디네이트 하느라 모두 정신이 나간 사람들처럼 보였다.

10월 31일이 되면 아이들은 각종 귀신 복장을 하고 학교에 등교한다. 내가 다니던 오리건 주립 대학에서도 희한한 복장을 한 학생들을 많이 볼 수 있었다. 드라큘라, 마녀, 신데렐라, 난장이, 공룡 등등 각양각색의 개성 있는 코스튬(Costume)을 걸치고 수업을 받는 것이다. 이 날 오후에 다운타운에 나가 보면, 독특한 할로윈 코스튬들을 맘껏 구경할 수 있다. 갓난 아기부터 아줌마, 아저씨들까지도 톡톡 튀는 개성을 발휘한 의상과 마스크, 모자 등을 걸치고 돌아다닌다. 그야말로 거리의 코스튬 패션쇼인 셈이다. 멋진 코스튬을 발견하면, 환호를 보내 주자. 이 날은 다운타운의 가게들도 이들에게 사탕을 아낌없이 나누어 준다.

서서히 어둠이 깔리기 시작하면 흥분에 찬 아이들의 목소리를 여기저기서 들을 수 있다. 아이들은 개성을 맘껏 발휘한 가면과 복장을 하고 집집마다 찾아 다니며 "트릭 오어 트리트(trick or treat)"를 외친다. '바칠 것이냐? 아니면 보복을 당할 것이냐?' 고 외치는 것이다. 그러면 집집마다 준비해 둔 과자나 사탕을 사랑스런 아이들에게 나누어 준다. 나도 K마트에서 할로윈 캔디를 사서 쟁여 두었다가, 천사 같은 아이들이 현관문을 두드리면 아낌없이 사탕을 나누어 주었다. 아이들의 코스튬 장식이 정말 신기하고 볼만했다. 자신을 개성 있게 꾸미고, 이 집 저 집을 다니면서 사탕을 받으러 다니는 아이들의 모습을 보니, 마냥 행복하고 즐거워 보였다. 할로윈의 유래가 어떤 것이었던 간에, 자신들의 문화를 향유할 수 있는 여유로움이 부럽기까지 했다. 참고로 할로윈의 유래는 여러 가지 설들이 있으나, 주전 500년께 태양신을 섬기던 아일랜드 켈트족들의 사탄 숭배 제사행위에서 비롯됐다는 것이 정설로 전해지고 있다고 한다.

44 Thanksgiving Day(추수감사절)와 Black Friday(블랙프라이데이)

땡스기빙데이는 11월의 네번째 목요일이며, 온 가족이 모이며 편안히 즐기는 휴일로, 학교도 일도 모두 쉬는 날이다. 한마디로 이 날은 우리나라의 추석과 비슷하다고 생각하면 된다.

우리는 이 날에 가깝게 지내는 미국인 친구의 가정에 초대를 받아서 방문했었는데, 신기한 칠면조 요리를 먹고, 미국의 화목한 가족의 일부가 되어 볼 수 있는 좋은 경험을 했다.

땡스기빙을 대표하는 음식은 바로 터키 칠면조 요리. 우리나라에서는 추석에 꼭 송편을 빚어서 먹는 것과 마찬가지로 미국인들은 칠면조 몸 속에 빵 조각, 야채, 고기 등을 칠면조의 배가 터져 나가기 일보 직전까지 채워 넣어서 오븐에 구워 먹는다. 집집마다 맛은 다르다고 했고, 내가 그 날 방문한 미국인 가정의 칠면조 요리는 정말 푸짐하고 맛있었다. 칠면조 요리를 하고 난 국물은 따로 식혀서 굳힌 다음에 예쁘게 잘라서 먹기도 했다.

이 시즌에 마트에 가면 어마어마한 양의 손질이 잘 된 칠면조들이 손님을 기다리고 있다. 나는 좀 징그럽다는 느낌을 받았다. 미국의 칠면조들은 이 날을 위해 죽을 각오를 하고 있어야 한단 말인가?!

땡스기빙데이를 미국의 온 국민이 기다리는 또 다른 이유가 하나 더 있다. 그 이유는 바로 '블랙 프라이데이' 때문이다. Black Friday는 땡스기빙데이가 있는 주의 금요일을 말한다. 즉, 땡스기빙데이의 바로 다음 날이다. 이 날 새벽에는 전국에 있는 모든 쇼핑몰들이 연중 가장 물건을 싸게 파는 파격 세일을 하기 때문에, 많은 쇼핑몰에는 새벽 일찍부터 사람들이 줄을 서기 시작한다. 쇼핑몰들은 이날 새벽 일찍 문을 열며, 사람들은 매장 문이 열리기 몇 시간 전부터 줄 서서 기다리기 시작한다. 도로는 어딜 가든 북적이고, 어느 매장이든 사람들로 북새통을 이룬다. 가끔씩 인파 때문에 다치거나 심지어는 죽는 사람도 있다고 한다.

피곤하기 짝이 없는 노릇이지만, 부지런히 발품을 팔면 평소에 마련하고 싶었던 물건들을 반값 이하, 때로는 거의 공짜로 건질 수 있다. 내 친구는 정품 쏘니 디지털 카메라를 80퍼센트 할인을 받고 구입했다고 했다.

45 크리스마스

이곳의 크리스마스는 너무나 로맨틱하다. 가는 곳마다 아름답고 사랑스러운 크리스마스 트리 장식을 볼 수가 있다. 이들은 집 안에도 장식을 해 두지만, 집 밖에는 더 신경을 써서 장식을 하는 것 같았다. 아파트 단지에서도 몇몇 집에서는 베란다 바깥 쪽에다 예쁜 전구들을 달아놓기도 하고, 주택들이 즐비한 단지에 들어가 보면, 한 두 집 빼고는 거의 모든 집들이 크리스마스 장식 누가 누가 잘하나 마치 서로 경쟁이라도 벌이듯 화려하고 개성 있는 장식들을 한다.

나도 우리 집 부근의 주택가를 한 곳도 놓치지 않고 구경하러 다녔다. 보통 크리스마스 한 달 전부터 크리스마스가 들어있는 주까지 장식을 해 둔다. 매일 구경해도 질리지가 않았다. 이 나라 사람들은 정서적 풍요로움을 위해서는 돈을 아끼지 않는 것 같다는 느낌을 받았다. 나는 전기세가 아까워서 집 바깥에는 장식을 하지 않았고, 거실에 직접 베어 온 크리스마스 트리

(20달러만 주면, 커다란 크리스마스 트리를 가까운 농장에서 베어 올 수 있다.)에 아이들과 함께 예쁜 전구들과 장식품으로 장식해서 흐뭇하게 거실 소파에 앉아서 감상했었다.

그리고, 크리스마스 이브에는 미국 교회나 성당에 구경가보자. 성스럽고 아름다운 성가대의 크리스마스캐롤이 우리의 지친 마음을 부드럽게 녹여준다. 아이들의 연극도 볼 수 있고, 미국인들과 친구가 될 수 있는 좋은 기회가 된다.

46 재미있는 미국 텔레비전 프로그램들

미국 케이블 텔레비전을 설치하면, 금액에 따라 서비스 받을 수 있는 채널 수가 달라진다. 기본 공영 방송대 여섯 채널부터 스페인어 방송까지 포함해서 백 개 이상의 채널을 접할 수도 있다.

이 텔레비전 프로그램을 잘 활용하면 엄청 영어공부에 도움이 된다. 내 경우에는, CNN 뉴스와 TLC 의 가족 이야기들이 크게 도움이 되었고, 내 아이들의 경우에는, 디즈니(Disney) 채널의 아이들을 위한 드라마와 디스커버리(Discovery) 채널의 자연생태나 역사에 관련된 프로그램, 그리고 좀 아동틱하긴 하지만, Nick채널의 Sponge Bob을 즐겨 보았다.

나는 매일 아침 CNN을 켜서 삼십 분씩 시청한다. 처음에 들리지 않는 내용들이, 똑 같은 내용이 몇 번 반복되는 뉴스를 보게 되면, 희한하게도 점점 들리기 시작한다. 단, 귀를 기울여 듣도록 하자. 밥하면서, 빨래 개면서 듣는 영어 뉴스는 집중이 안 되기 때문에, 듣고 있는 의미가 별로 없다.

아이들의 텔레비전 드라마도 마찬가지다. 아이들이 집중해서 볼 필요가 있다. 나는 아이들이 드라마를 볼 때, 수첩과 펜, 전자 사전을 지참하게 했다. 보다가 몰랐던 단어나 문장이 나오면 받아 적어 놓아서, 사전을 찾거나 미국 친구들에게 물어보기를 권유했었다. 나도 아이들과 함께 드라마를 보면서 많은 생활 용어들을 습득할 수 있었다.

주의할 점은, 역시나 너무 많은 시간 텔레비전 앞에 아이들이 앉아 있지 않도록 시간을 정해 줄 필요가 있다. 컴퓨터 중독과 마찬가지로, 미국 텔레비전도 은근히 중독성이 있다. 우리 아이들은 토요일과 일요일에 각각 두 시간씩 텔레비전을 볼 수 있었다. 평일에는 그 어떤 게임이나 텔레비전도 허용되지 않았다. 물론, 나 빼고~^^

참고로, 텔레비전을 보는 것 이외에 팝송을 들으면서, 따라 부르거나 의미를 생각해 보는 것도 구어체의 영어를 습득하는 좋은 방법이다. 내가 워낙 팝송을 좋아해서 차 안에서 매일 팝송을 틀어 놓았더니, 이제는 우리 아이들이 더욱 팝송을 좋아하고, 나보다 훨씬 더 잘 따라 부른다.

47 영어 공부는 고시 공부

근 이십 년 만에 다시 보는 영어 책들은 나로 하여금 낯은 생각을 하게 했다. 먼저, 이토록 눈에 익숙하지 않은 영어 문장들을 과연 내가 스펀지가 물 흡수하듯 습득할 수 있겠느냐 하는 의구심이었고, 그에 못지 않게 내 머릿속 어딘가에 숨어 있던 영어 단어와 문법들이 살짝 고개를 내밀고 나에게 주는 용기가 바로 그것이었다.

어학연수 프로그램을 밟아 나가는 내내, 이 두 가지 감정은 수시로 교차되었고, 결국엔 용기가 의구심을 과감히 이겨내었다.

실로, 매일 매일 반복되는 학교의 수업과 수많은 숙제들은 나의 인내심의 한계를 초과했다. 듣기, 쓰기, 읽기, 말하기 수업은 매일 반복되고, 선택으로 토플이나 문법 수업이 있었다. 거기에 숙제는 매일 빠짐없이 있고, 미국인을 인터뷰하거나, 리서치 페이퍼를 써서 모든 학생들 앞에서 발표까지 해야 했다. 평일뿐만이 아니고, 주말에도 이들 과제를 하느라 놀 여유가 좀처럼 생기질 않았다. 내가 좀 더 일찍 철들어서 이렇게 열심히 공부했으면 우리나라 명문대학에 그것도 톱으로 들어갔을 거라는 생각을 했다.

미국에 와서 첫 학기에는, 저녁 먹고 나서 아이들 숙제 봐 주고, 그 다음에 내 숙제를 했는데, 아침에 해가 뜰 때쯤 과제를 마친 날들이 하루 이틀이 아니다. 하지만, 두 번째, 세 번째 학기를 맞이하면서는 영어 실력도 늘고, 아이들도 숙제나 공부를 독립적으로 하기 시작해서 많이 수월해졌다.

여기서 내 인생의 첫 안식년을 보내려고 했는데, 마치 고시를 준비하는 사람처럼 영어 공부에만 필사적으로 매달리고 있는 내 모습이 왠지 처량하기까지 했다. 그냥 설렁설렁 할 수도 있었을 텐데, 어릴 적부터 무엇이든 시작하면 끝맺음을 잘 해야 한다는 내 어머니의 교육 철학이 몸에 배어서 농땡이를 친다는 건 생각도 할 수 없었고, 내 아이들 앞에서 치열하게 사는 엄마의 모습을 끝까지 보여 주고 싶었다.

덕분에 나는 아주 우수한 성적으로 랭귀지 스쿨을 졸업할 수 있었고, 토플 고득점이라는 목표를 금새 달성할 수 있었다.

48 마법의 커뮤니티 칼리지(Community College)

미국의 커뮤니티 칼리지는 모든 사람에게 인생을 업그레이드 할 수 있는 기회를 아낌없이 제공하는 곳이다. 나이 제한도 없으며, 학력 제한도 없다. 고등학교를 졸업하지 않은 사람은 여기서 고등학교 졸업장을 손에 쥘 수 있고, 특별한 분야의 기술을 배워서 바로 직업도 가질 수 있으며, 일정한 학점을 이수하고 나면 좋은 대학으로 편입도 아주 쉽게 할 수 있다.

나는 마법에 걸린 것처럼 커뮤니티칼리지를 선택했었고, 이 학교는 나에게 마법을 걸어서 조기 졸업이라는 영광을 안겨 주었다. 나에게 린벤턴 커뮤니티 칼리지(Linn Benton Community College)는 소원을 말하면 무엇이든 들어주는 요술램프와도 같은 곳이다.

오리건 주립대학 랭귀지 스쿨을 마칠 때 즈음 토플 고득점의 목표를 달성한 나는 못다한 음악 박사 공부를 다시 이 곳에서 할 것인가, 아니면 학부에서 영어 교육을 공부해 볼 것인가를 고민했었다. 토플 점수가 대학원 진학도 가능할 정도의 점수가 나와 주었기 때문에 대학원까지도 고민을 했던 것 같다. 하지만, 무엇보다 고민되는 건, 남편과의 이별 기간이 너무 길다는 것이었다. 박사 과정은 너무나 많은 시간을 필요로 한다. 당장 커뮤니티 칼리지의 영어교육관련 전공을 알아보았더니, Elementary Education(초등교육) 이라는 전공을 쉽게 학교 홈페이지에서 발견할 수 있었다. 학비도 보통 대학의 절반도 안되었고, 교수들 또한 학위를 가진 전문가들로 구성되어 있었다.

겨울 학기부터 시작된 커뮤니티 대학의 수업은, 랭귀지 스쿨의 수업에 비하면 열 배로 어려웠고, 숙제 하는데도 딱 열 배의 시간을 요구했다. 어려운 전공 용어가 많이 나오는 과목의 수업들은 교수의 강의를 녹음해서 철저하게 되풀이해서 들었다.

이 대학이 나의 학사 학위와 석사 학위를 인정해 준 덕분에, 나는 불과 24 학점에 해당하는 전공과목만을 제대로 소화하면 졸업이 가능했다. 하지만, 그 기쁨도 잠시, 전공 학점 24학점은 나를 피 말리게 했다. 교육학에 관련된 역사와 실습이 주가 된 수업들이었는데, 교수들은 그 누구도 나를 외국인이라고 봐 주는 일은 절대로 없었다. 시험에서 스펠이 하나만 틀려도, 그 문제는 틀린 것이 되었고, 숙제를 밤을 새워 해가도, 전체적으로 문법이 어설프면 과감하게 C를 주는 것이었다.

나는 공부 잘하는 클래스메이트들과 친하게 지내면서, 숙제 잘 하는 비법 등을 물어서 흉내도 내어 보고, 시험 준비도 함께 해 보았다. 하지만, 결국 공부는 혼자 할 때 가장 효율적이라는 것을 다시 깨달았다. 혼자 공부할 때 내가 필요한 정보를 대량 수집할 수 있고, 점점 심도 있게 접근할 수 있으며, 그러한 공부 요령들이 빠른 속도로 축적되어 간다.

교육대학 학과장은 나에게 마법을 걸어준 사람들 중의 하나이다. 그녀는 내가 전공 과목 외에 음악 관련 수업도 듣고 싶다고 했더니, 음악 수업도 나의 졸업 학점에 반영시켜 주겠다고 자진해서 말해 주었고, 내게 대학 내부에 있는 유치원의 실습을 권유해 주었으며, 그 곳에서 유치원 커리큘럼과 교육철학 등 많은 것을 배울 수 있는 기회를 제공해 주었다. 그녀는 처음에 학교 버스 운전기사였는데, 선생님이 되고 싶어서 늦은 나이에 교사가 되었다가 지금은 대학의 학장까지 되었다고 했다. 정말 소탈하고 멋진 여인이었다. 그녀는 날 보면, 항상 유머와 용기를 전달해 주었다.

결국 두 학기, 약 반 년 만에 모든 과목에서 A를 받고, 졸업에 필요한 학점을 모두 딸 수 있었다. 성적표에 새겨진 내 이름 Hyunjung Lee가 내 이름인지 아닌지 몇 번을 확인했었다. 성적표를 바라보는 내 눈에서 눈물이 흘러 내렸다. 내 나이 마흔에 이룬 기적이다.

6월 중순에 졸업식이 있었다. 일단 졸업식에는 참가했으나, 아직 한국으로 돌아가고 싶지는 않았다. 1년 반 동안, 고시원에 갇혀서 외무고시 준비하는 학생처럼 영어 공부에만 매달렸던 나에게, 좀 더 폭넓은 미국 사회에서의 경험이 필요하다고 느꼈다. 또 다른 목마름이었다. 결국, 나는 학위를 받는 시기를 가을 학기로 늦추었다. 학위를 받아 버리면, 60일 이내에 한국으로 돌아가야 했다. 졸업식이 거행되기 3주 전 즈음에, 서둘러서 귀국 연기 가능 여부를 학교 어드바이저와 의논한 다음, 미국에 6개월을 더 있을 수 있도록 조치했다.

나는 남은 기간 동안, 내가 경험해 보지 못한 또 다른 커뮤니티에서 적극적으로 새로운 경험들을 쌓아 나갈 것이다.

49 미국대학에서 올 A 받기

내가 커뮤니티 칼리지에서 올 A를 받은 것은 물론 유명 대학에서 받은 A과는 질적으로 다를 수도 있겠지만, 큰 맥락에서는 평가 기준이 비슷할 것이라고 생각한다.

방법은 크게 어렵지 않다. 첫째로, 결석 절대로 안 하기, 숙제 100 퍼센트 기간 내에 제출하기, 예습과 복습, 시험 공부는 심도 있게(평소에 자주 시험 준비를 해 두자.), 수업 시간과 시험 칠 때 최선을 다하기.

우리 아이들도 모든 과목에서 A를 받기 위해 정말 최선을 다한다. 그들이 노력하고 있는 방법도 나의 방법과 다르지 않다.

단 한가지 다른 점이 있다. 대학에서는 일일이 숙제나 시험스케줄을 교수가 알려주지 않는다. 모든 수업 내용과 스케줄, 시험 날짜와 평가 기준, 시험과 과제의 전체적인 점수 반영도 등은 수업 첫 날에 나누어 주는 실라버스(Syllabus, 강의 계획안)안에 다 실려 있다. 나는 이것을 첫 날에 독파했었고, 그것도 모자라서 그 수업이 든 날에는 전체적으로 다시 훑어보고 점검을 했었다. 그 덕분에 어떤 과목은 실라버스의 오타를 발견해서 선생님께 살짝 알려 드린 적도 있다. 그 덕에 A를 받은 것일지도! ^^

50 미국 대학생들의 이상한 교실 매너

동방예의지국에서 미국으로 날아온 나로서는, 미국 대학생들의 이상한 교실 매너를 보고 참고 있기가 참 힘들었다. 그들은, 수업시간에 햄버거를 쩝쩝 소리 내어 먹고, 맨 앞 줄에 앉은 아이는 교실이 떠나 가도록 하품을 소리 내서 하고, 어떤 아이는 후각 장애인지 자신의 냄새 나는 맨발을 책상 위에 떡 하니 올려놓고, 교실 한 쪽에는 껌 씹다가 또 그 껌으로 풍선 부느라 바빠 보이는 학생도 있었다. 또 어떤 아이는 휴대폰으로 문자를 주고받느라 여념이 없었고, 더 가관인 건, 아예 엎드려서 코까지 골면서 자는 아이가 있었다.

우리나라에서는 상상조차 할 수 없는 일이다. 적어도 내가 대학을 다닐 때만해도. 지금의 대학 풍경은 어떨지 나는 잘 모르지만, 여하튼 이 곳에서 너무나 이상한 미국 대학생들의 교실 매너를 보고, 이해가 잘 안되어서 교수님께 의견을 물었더니, 자기도 어릴 때 그랬다면서 괜찮다고 했다.

하지만 내가 들었던 수업의 교수님들 중 몇 분은, 껌과 음식, 그리고 음료수의 교실로의 반입을 제한하시는 분도 계셨고, 수업시간에 잡담하는 아이들과 늘 지각하는 아이들에게 언성을 높여 야단치시는 분도 계셨다. 참 다행이라고 생각하고 박수를 보내고 싶었다.

이 곳으로 유학 오는 셀 수 없이 많은 우리 나라의 청소년들이 이런 이상한 문화에 물들지 않기를 진심으로 바란다. 우리는 우리를 위해 몸을 아끼지 않고 정열을 다해서 강의에 몰두해 주시는 수많은 스승들을 섬기고 존경해야 한다고 생각한다. 우리가 그들에게 보여 줄 수 있는 최소한의 성의는, 수업시간에 존경심을 가지고 정성을 다해서 참여하는 것이리라.

51 공부하면서 아르바이트 하기

우리가 받은 F1비자로는 일반적인 아르바이트를 할 수 없으나, 대학의 정규 학생이 되고 나서는 학교 내의 카페테리아나 도서관, 컴퓨터 랩, 스포츠 센터 등에서 아르바이트를 할 수가 있다. 시급 8불에서 9불을 받는데, 일이 고되지 않아서 해 볼 만 하다.

나는 내 스케줄과 아이들 방과 후 프로그램을 위한 운전 때문에 도저히 아르바이트를 할 짬이 나질 않았었다. 어느 날 갑자기 친하게 지내던 일본인 친구 쿄코가 좋은 일거리가 있다고 나를 만나고 싶어 했다. 일본에서 이 곳 오리건 주립 대학으로 어학 연수 오는 일본 대학생 그룹을 위한 어드바이저 일이라고 했다. 나는 일본에서 일도 했고, 공부도 했기 때문에, 일본어에는 자신이 있었다. 그녀는 나를 추천해 주었고, 일본 측 대학 교수들도 내 이력서를 보고는 즉각 나를 채용해 주었다. 외국인임에도 불구하고 나를 선택해 준 것이다. 나의 많은 경험들과 일본어, 그리고, 영어까지 나에 관한 모두를 포괄적으로 신뢰해 준 것이다.

일은 하나도 어렵지 않았다. 학생들의 이 곳에서의 생활과 학습 내용을 일본어로 작성해서 일본의 대학으로 매주 이메일을 보내고, 학생들이 어려움을 겪으면 도와 주면 되었다. 그리고,

일 주일에 한 번 학생들과의 전체 미팅과 개인 미팅에 참가 하면 되었다. 수고비도 학교 내에서 아르바이트 하는 것의 몇 곱절에 해당하는 금액을 지불해 주었다.

나는 내 일본어가 이 곳에서 돈줄이 될 줄은 꿈에도 생각하지 못했었다.

52 사슴 가족과 아침 인사 하기

이곳은 시골이라서 그런지 야생 동물들이 정말 많다. 타운하우스에 살 때는 자주 우리 집 차고 쪽으로 놀러 와 주는 사슴 가족이 있었다. 나는 그들이 올 때 즈음이면, 창문을 열고, 내 방에서 고개를 내밀고, 안녕이라고 말하면서 손을 흔들곤 했었다. 그들은 나를 한참을 주시하다가 돌아가곤 했다. 그들은 우리 집 작은 정원에 있는 꽃잎들을 아침 식사로 정해놓고 오는 것 같았다. 그 덕에, 우리 아이들은 작고 예쁜 정원에 부지런히 꽃씨를 심어 놓고 어서어서 자라 주기를 기도하고 있었다. 아름다운 사슴 가족의 건강을 위해서!

내가 집 옆에 있는 공원에서 매일 아침 달리기를 할 때에는, 밤새도록 공원 잔디밭에서 뛰어 놀던 토끼와 다람쥐들이 아침인사를 해 주었다.

미국은 이들 야생 동물들의 천국인 것 같다. 하지만, 이들이 밤낮 구분하지 않고 모든 도로를 자기 집 안방처럼 드나들어서, 교통사고의 위험이 대단히 높다. 나도 학교 가는 길에 갑자기 도로로 뛰쳐 나온 예쁜 아기 다람쥐를 칠 뻔 했다. 휴우~!

53 온 동네가 생태 공원, 온 동네가 골프 연습장

집에서 몇 발만 나가면, 보이는 곳이 생태가 잘 보존된 공원이고, 차로 5분만 나가면, 골프를 아주 저렴하게 배울 수 있는 곳이 널려 있다. 그리고, 공원이 너무나 흔해서 어디서든 마음만 먹으면 골프채를 휘두르면서 연습을 할 수 있다. 돈을 내고 딱딱한 건물 안에서 삭막하게 연습해야 하는 우리나라에 비하면, 이 나라 사람들은 엄청 복 받은 사람들이라고 느꼈다. 이 곳에서는 어린 아이들도 골프를 배우며, 방학 때는 아이들과 부모님이 함께 골프를 즐기는 모습을 아주 쉽게 볼 수 있다. 우리 나라에서는 골프가 고급 스포츠인데, 여기서는 누구나 즐기는 스포츠인 것 같았다.

주중이나 주말이나 마음 내키면, 집에서 가까운 공원에 있는 시원한 나무 그늘 아래서 골프 연습을 하다가, 낮잠을 즐길 수도 있고, 아이들과 김밥 도시락을 맛있게 먹다가 원반 던지기를 하면서 한가로운 오후를 즐길 수도 있다.

54 별이 빛나는 밤에

이곳은 야생 동물의 천국일 뿐 아니라, 별늘의 천국이기도 하다. 우리 집을 다정하게 내려다 보고 있는 하늘에도, 고속도로를 운전하는 나를 지켜 주는 밤 하늘에도 쏟아질 것만 같은 별들과 별똥별들이 너무나 큰 감동과 행복을 준다. 별을 바라보는 것만으로도 의술로 치유될 수 없는 병들이 치유될 수 있을 것 같다는 생각을 했다.

우리 집에서 30분만 운전해서 가면, Mary's Peak라는 언덕이 있는데, 그 곳에서 우리는 너무나 로맨틱하게 붉게 타오르는 노을과, 손을 뻗으면 내 손에 들어올 것 같은 커다란 별들을 보았다.

옛날에 내가 어렸을 때, 하루도 빠짐없이 듣곤 했던, '별이 빛나는 밤에' 라는 라디오 프로그램이 떠 올랐다. 한창 사춘기를 겪고 있는 시절이었는데, 라디오를 듣다가 아파트 촌에서 올려다 본 밤하늘은 답답하기 짝이 없다는 생각을 한 적이 있다. 이 곳의 너무나 맑고 깨끗한 밤하늘의 별들은 내 답답한 가슴까지 뻥 뚫어 주었다.

55 냉정한 백인 점원들

여기 와서 얼마 되지 않았을 때는 정말 벙어리가 된 기분이었다. 특히 가게에서 물건을 사거나 음식점에서 물건을 주문할 때는 머리카락이 쭈뼛쭈뼛 설 정도로 긴장되고 부끄러웠다. 계산대에서 점원들이 뭐라고 뭐라고 웃으면서 이야기 하는데, 도저히 어떤 표정으로 어떻게 대답을 해야 할지, 웃어야 할지, 울어야 할지 표정관리가 안 되었다. 뭘 알아 들어야, 반응을 하지……

그럴 때마다 느낀 묘한 느낌이 있다. 이 백인 점원들이, 자기들이 하는 말들을 캐치하지 못한 채 바보 같이 넋 나간 듯 서 있는 동양인을, 어쩌면 이렇게 영어를 못 알아 들을 수 있을까 하는 듯한 표정으로, 정말 한심하기 짝이 없다는 표정으로 날 바라본다. 어떤 점원들은 정색을 하고 한숨까지 내쉰다.

나는 패배감을 느꼈었다. 영어가 뭐 그리 대단하길래, 영어 한 마디 못 알아 듣는 내가 기죽어야 되고, 꼴랑 영어 하나 할 줄 아는 미국인들이 뭐 그리 잘난 척 할 만한 가치가 있는 사람들인지, 분노가 치밀었다. 적어도 나는 한국어와 일본어, 두 나라 언어는 완벽하게 구사할 수 있다. 영어는 잘 못하지만 꿀릴 것이 하나도 없는데, 그 백인 점원 앞에서 한없이 작아 지는 나 자신을 용서할 수가 없었다.

한번은 여기 와서 두 달쯤 되었을 때, 맥도널드에서 드라이브 쓰루를 시도했는데, 나의 어눌한 영어가 신기했는지, 점원 모두가 창 밖으로 목을 쑥 내밀고, 당황해하는 나를 구경하고 있었다. 너무나 창피했었다. 하지만 지금은 마트의 계산대에서 그 누가 무슨 말을 해도 다 알아 들을 수 있고, 드라이브 쓰루에서 그 어떤 다양한 표현으로 내게 메뉴를 물어 와도, 나는 더 다양한 표현으로 대답할 수 있다.

56 혓바닥을 꼬부려, 말어?

우리가 한국에서 배워 온 영어는 이곳에 오면 거의 무용지물이다. 특히, R이나 L발음의 조음 방식은 우리가 배운 것과는 완전히 다른 방식이었으며, 모든 단어들을 연음을 시켜서 줄줄줄 말해야 하므로, 혓바닥을 어디에 두어야 될지 참으로 모를 일이었다.

커뮤니티 칼리지에서 나의 발음 교정을 자진해서 담당해 주고 있는 세라는, 나만 만나면 시종일관 내 입술과 혀를 쳐다 보면서 노와 예스를 외친다. 얼마나 부담스러운지…… 하지만, 그 덕에 나의 딱딱하게 굳어져 버린 영어 발음은 많이 교정되었고, 우리나라 영어 교육이 얼마나 잘못된 부분이 많은지 알 수 있었다.

먼저, R이나 L발음은 한국에서 배운 것은 완전히 잊어버려야 한다. 보통 우리는 이 발음들을 낼 때 혓바닥 끝을 위쪽으로 꼬부려서 입 천정에 달라 붙을 정도로 힘을 주는데, 노노노! 나보고 혓바닥을 너무 심하게 꼬부린단다. 나는 성의를 다 해서 열심히 혀를 꼬부려 가면서 발음하고 있는데, 완전히 틀린 발음이라고? R을 발음할 때는 혓바닥에 힘을 완전히 빼고, 올리브 잎사귀 한 장을 혀 안쪽에 올려 놓은 기분으로 혓바닥을 아주 살짝만 구부린단다. L을 발음할 때는 혓바닥 양쪽 가장 자리에 약간 힘을 싣고 발음을 시작했다가 혓바닥 끝이 앞니

안쪽에 닿게 해서 마무리 하면 된다. 처음에는 무슨 말인지 도저히 흉내 낼 수 없었지만, 죽도록 R과L 발음만 연습하면, 어느 날 갑자기 비슷한 발음을 할 수 있게 된다. R과L이 들어 있는' Rock and roll' 이라는 단어를 몇 만 번 몇 억 번을 연습했다.

이러한 발음은 일본이나 대만에서 온 아이들도 많이 힘들어했었는데, 랭귀지 스쿨에 다닐 때, 어떤 대만 아이는 모든 영어 단어에다가 R을 갖다 붙여서 발음을 하는 바람에 우스워 죽는 줄 알았다. R만 갖다 붙이면 유창한 영어 발음이 되는 줄 아는 모양이었다.

내 친구 쿄코는 술만 먹으면 영어가 갑자기 유창해 지곤 했었다. 술에 취하면 혓바닥 근육들이 힘이 다 풀린 데다가 엄청난 용기를 실어 주기 때문에 영어가 잘 되는지도 모른다. 영어 발음 할 때는 입과 혓바닥에 힘을 실으면 절대로 안 된다는 것을 여기 와서 알았다.

57 맨해튼(Manhattan)이 맨핻은 되다.

R이나L 발음 외에 신기했던 발음은 T 발음이었다. 마운틴(Mountain)은 마운은, 코튼(Cotton)은 콭은, 맨해튼(Manhattan)은 맨핻은, 몬테(Monte)는 모니로 탈바꿈된다. 단어의 중간에 나오는 T들은 발음할 때 목구멍으로 삼켜 버리는 것이었다. 처음에는 흉내내기 힘들었지만, 이것도 적응하면 비슷하게 발음할 수 있다. 미국 사람들은 영어 단어를 발음할 때, 많은 스펠들을 삼켜 버린다. 우리 나라에서는 발음을 정확하게 끝까지 하지 않으면 혼나는데, 이 곳에서는 대충 발음하면 칭찬받고 너무 정확하게 하면 혼난다. ^^

58 욕 투성이 소설책과 영화

영어 공부를 하면서 수 많은 욕설까지 배워 가리라고는 생각도 하지 않았는데, 랭귀지 스쿨 과정 동안에 읽은 몇 권의 미국 소설과 영화들은 나로 하여금 수 많은 욕설들을 아주 상세히 익히게 했다.

신기한 건, 어려운 전공 용어는 외우려면 몇 십 번을 외워야 하는데, 이러한 욕설은 그냥 한 번 보면 머리에 새겨지는 것이다. 참 한심하면서도 웃긴 일이라고 생각했다.

욕설이 많지만 정말 많은 감동을 받았던 소설, 스테판 킹(Stephen King)의 Rita Hayworth and Shawshank Redemption('쇼생크 탈출' 이라는 영화로 유명하다.)과, 줄리아 로벗(Julia Roberts) 주연의 영화 'Erin Brockovich' 를 한 번 보자. 정말 욕이 많이 나오지만 교훈적이면서 재미있다.

59 초특급 울트라 비만인들의 고향

이곳에 오니 뚱뚱한 사람들이 너무 많다. 나도 우리 아이들이 돼지라고 맨날 놀려대지만, 여기 오니 날씬한 편에 속한다. 아이들 등록하러 학교 오피스에 갔더니, 초등학교나 중학교나 등록 받는 직원들이 살이 흘러 넘쳐서 앉아 있는 의자를 커버하고 있었다. 그 뿐 아니다. 수영장에 운동을 하러 갔더니, 한 거대한 여인이 물 속에 몸을 담그자, 수영장 물이 넘치기 시작했었다. 그런데 그 누구도 아랑곳하지 않았다. 본인도, 주변인들도...

나는 살이 잘 찌는 체질이다. 솔직히, 이 곳에 와서 비만의 한계와 공포라는 것을 이 두 눈으로 똑똑히 볼 수 있었다. 코끼리 같은 몸을 하고 뒤뚱뒤뚱 겨우 걸어 다니는 사람들을 보면서, 나는 절대로 그런 모습으로 살지 않으리라 몇 번이나 다짐을 했고, 운동과 음식관리를 본격적으로 시작했다.

60 사재기 문화

토요일이나 일요일에 장을 보러 마트에 가면, 미국 사람들이 어떤 음식을 사고, 얼마나 사는지 한 눈에 볼 수 있어서 재미있다. 물론 가정마다 다르긴 하지만, 아이들을 키우고 있는 가정의 부모들은 카트에 한 가득 물건들을 채우는 것을 쉽게 볼 수 있다. 놀라운 것은 통조림 식품을 너무나 많이 사재는 것이다. 거의 한 사람이 수 십 개의 통조림을 구입한다. 여행을 떠나는 것도 아니고, 피난을 가는 것도 아닐 텐데 어마어마한 양의 캔 음식들을 구입하고 있었다. 건강에도 나쁠 텐데……

옷 가게에서도 놀라웠던 것은, 미국 여자들의 옷 사재기이다. 나는 보통 한 번에 한 장이나 두 장의 셔츠를 사거나, 꼭 필요한 옷들만 구입한다. 물론 개인적인 성향도 있겠지만, 이들은 하나같이 한 번에 다섯 장, 심지어는 열 장까지도 구입하는 것을 보았다. 물론, 싼 아울렛 매장이라서 그런 것도 있겠지만, 이 나라의 소비 문화는 좀 무계획적이지 않나 하고 느꼈다.

61 아직도 쑥스러운 빅 허그(Big Hug)

이곳 사람들은 끌어 안는 데 너무나 익숙하다. 우리 나라에서는 남녀 사이에 악수하기도 쑥스러운 일인데, 여기서는 애인 사이가 아니더라도 틈만 나면 끌어 안고 또 끌어 안는다. 끌어 안는 것을 허그(Hug)라고 하는데, 처음엔 어떤 식으로 안아야 좋을지, 참 어려웠다. 엉거주춤 떨어져서 안기도 그렇고, 너무 찰싹 달라 붙기도 그렇고…… 익숙하지 않은 나는, 아직도 꼭꼭 껴 안는 Big Hug는 부담스럽기만 하다. 그저 엉거주춤 엉덩이와 가슴을 뒤로 쑥 빼고 팔만 친구 등 뒤로 돌려서 톡톡 토닥거려 준다.

사람을 끌어 안는 문화는 분명히 발달되어 있는데, 눈으로 볼 수 없는 진정한 내면의 사랑의 깊이는 우리의 그것과 비슷할지 의문이라는 생각을 해 보았다.

62 스텝 패밀리(Step Family)의 비밀

이곳 아이들은 곧잘 스텝 파더, 스텝 마더, 스텝 브라더, 스텝 시스터에 대해 이야기 한다. 솔직히 나는 여기 오기 전에 이러한 단어들을 몰랐었다. 우리가 학교에서 배우지 못했던 단어였음에 틀림없다는 느낌이 들었다. 왜냐? 비교육적이기 때문이다.

미국은 전국적으로 이혼율이 50퍼센트에 육박한다. 이혼 다음의 재혼율은 더 높다고 들었다. 이혼한 부모가 다른 가정의 부모와 재혼을 하면, 그들은 스텝패밀리가 생기게 된다. 각각의 가정에 딸린 아들 딸들은 서로 스텝 브라더, 스텝 시스터가 된다. 새 엄마는 스텝 마더, 새 아빠는 스텝 파더. 참고로, 전 남편은 엑스 허즈번드(Ex-husband), 전 부인은 엑스 와이프(Ex-wife)라고 서로들 칭했다.

이 나라 사람들은 이러한 복잡한 상황을 아주 당연한 일인 양 이야기 한다. 내가 유치원에서 실습을 할 때도, 우리 반 아이들 중에 이혼 가정이 정확히 50퍼센트 있었다. 그 중에는 2주씩 아빠와 엄마 집을 옮겨 다니며 생활하는 아이도 있었다.

스텝 패밀리에 대한 무시무시한 비밀 이야기가 있다. 내가 린벤턴 커뮤니티칼리지(Linn Benton Community College)에서 테크니컬 라이팅(Technical Writing)을 수강할 때, 한 미국 학생이 리서치해서 발표한 내용인데, 미국에서 일어나는 강간 사건 중에 가장 높은 비율로 일어나는 경우가 스텝 패밀리 내에서 일어나는 경우라고 보고했다. 소름이 끼쳤다.

자녀들의 육체적 건강과 순수한 정서교육을 위해서라도 어른들이 좀 더 신중하고 책임의식을 가졌으면 하는 바램을 가져 본다.

63 미국으로 입양된 한국 아이들

여기는 시골이라서 이 곳으로 입양된 한국 사람들을 많이는 볼 수 없지만, 가끔씩 만날 수 있었다. 맨 먼저 만난 사람은 오리건 스테이트 주립대학의 학생. 일본식 레스토랑엘 갔더니 예쁜 동양 처녀가 서빙을 했다. 어디에서 왔느냐고 물었더니 한국에서 아기 때 입양되었다고 했다. 그녀는 한국말은 한 마디도 못했으며 한국에 아무런 관심이 없는 듯했다. 나는 학교에서 길 가다가 만나면 나름대로 친한 척을 하려고 했었는데, 그 여자 아이는 내가 부담스러운 듯 했다. 한국에서 입양된 사실을 숨기고 싶은 모양이었다. 자신이 태어난 곳에 대한 애착이 없다는 것이 좀 실망스러웠지만, 건강하고 예쁘게 자라서 자기가 할 일을 열심히 하면서 살고 있으니, 더 바랄 것은 없다고 생각했다.

그 다음에 만난 아이들은, 내가 친하게 지내는 미국 친구의 사촌이 입양한 한국 아이들이었다. 그들은 남자아이, 여자아이 한 명씩을 입양해서 키우고 있었는데, 우리 아이들과 나이가 같았다. 그들은 행운아들이었다. 집 안에 크나큰 체육관도 있었고, 악기를 밤새워 연습할 수 있는 음악실도 있었다. 거기에, 그들을 입양한 부모들은 천사표였다. 아이들의 불만을 사랑으로 감싸 주었고, 내가 한국아이들을 입양해줘서 감사하다고 말했을 때, 그들은 그 아이들을 존재하게 해준 한국 부모들에게 감사하다고 하면서 눈물을 글썽였다. 아름다운 사람들이었다.

가장 내 인상에 많이 남아 있는 사람은 제임스 아저씨다. 그 분께는 내가 두어 달 한국말을 가르쳐 드렸는데, 여섯 살에 미국으로 입양되어서 사업가로 멋지게 성공하신 분이다. 그 분은 너무나 형편 없는 미국 부모를 만난 것 같았다. 아이들을 채찍으로 때리곤 하는 폭력 부모였던 것이다. 그는 결국 집을 나와서 아동 보호 시설에서 성장기를 보냈다고 했다. 그는 한 마리의 암소가 자신의 부모였고 친구였다고 했다. 그 암소는, 제임스 아저씨가 어릴 적에 소의 등을 베게 삼아 잠을 자고 있으면 정말 한 발짝도 움직이지 않고 있다가, 아이가 잠을 깨서 기지개를 펼 때까지도 사랑이 가득 찬 그 큰 눈으로 지켜봐 주곤 했다는 이야기에 나는 눈물을 흘렸다.

64 우정은 국경을 초월한다

나는 타고난 사교적인 성격과 비교적 자유로운 언어 소통 능력 덕분에, 일본에서 생활할 때도, 미국에 살 때도 훌륭한 외국인 친구들과 두터운 친분을 쌓을 수 있었다.

세실리아(랭귀지 스쿨의 동급생, 페루에서 미국으로 시집와서 새로운 경험들로 가득 찬 삶을 살고 있음)와 크리스 부부, 그들의 부모님들(그들은 나를 한국인 딸이라고 부름), 일본인 친구 히사에(그녀는 일본의 모방송사 전직 아나운서였다.)와 그녀의 세 딸들(안나, 노엘, 리라), 그리고 쿄오코(일본의 중학교 영어교사), 랭귀지스쿨 어시스턴트로 근무할 때 나의 학생들이었던 테루(일본인), 류(일본인), 시야오(중국인), 그리고 나의 영어회화 파트너가 되어 주어, 영어발음 교정 뿐 아니라 영어로 내 고민 상담을 담당해 주었던 작가 릴과 대학교수 세라... 이들은 미국에 사는 동안 내내 인생의 무게를 내려 놓고 세상 모든 희로애락을 공유했던, 동시대를 살아가는 동지이자 지지자들이었다.

내가 아파트로 옮겼을 때, 우리 집 바로 윗집에는 멕시코에서 이민을 온 가족이 살고 있었는데, 엄마는 폐암 말기였고, 거의 초인적인 힘으로 초등학교에 갓 들어간 막내를 기르고 있었다. 나는 그들을 너무나 사랑했고, 그들 또한 우리를 사랑했다. 한국 음식을 횟수를 셀 수 없을 정도로 만들어서 날랐고, 병고로 지친 그들은 그들의 삶의 무게를 내게 한탄하면서, American Dream을 꿈꾸며 찾아온 자신을 아프게 한 미국이라는 나라를 원망한다며, 내게 모든 인생의 슬픔을 이야기하고 눈물짓곤 했다.

구사할 수 있는 언어가 완벽하지 않아도, 이해하고 사랑하고자 하는 마음이 깊으면, 언어가 표현할 수 있는 한계 이상의 것까지도 완벽하게 공유하면서 살 수 있다.

쿄오코가 미국을 먼저 떠나면서 내게 선물로 준 붓글씨 작품에는 '자신을 꽃피우자' 라는 근사한 문구가 적혀 있었다. 우리의 우정도 근사하게 꽃 피운 것처럼...

65 여행하기

미국에 와서, 너무나 위대해서 말로 형용할 수 없을 정도의 절경들을 보고 있다. 가까이는 뉴포트(New Port)의 장엄한 바다, 저 멀리로는 그야말로 벌린 입을 다물 수 없는 아리조나 주(Arizona State)의 그랜드 캐년(Grand Canyon)에 이르기까지, 나는 미국이라는 나라의 거대함과 수려함에 경탄을 금할 수가 없었다.

이 곳에 와서 처음으로 뉴포트(New Port)에 다녀와서 기록한 다이어리를 소개한다.

2008. 04. 26 토요일

다이어리 내용

New Port에 있는 해변에 다녀왔다. 미국 와서 처음 보는 바다라, 바닷물도 신기했고, 해변의 경관도 참 신기했다. 한마디로 오염되지 않았고, 우리나라의 해변에 즐비하게 들어선 빌딩들은 하나도 볼 수 없었다. 아기자기하고 자그마한 가게들이 몇몇 자리를 지키고 있었다. 바베큐를 하고 난 자국들이 해변에 널려 있는 통나무에 남아 있었다.

여기 사람들은 자연의 일부인 것 같다. 한국에서는 내가 자연의 일부라고 느낀 적은 거의 없던 것 같다. 그저 자연을 감상하기만 했던 것 같다. 내가 자연의 일부라고 느끼게 되었을 때 묘한 행복감을 느꼈고, 허겁지겁 성공을 위해 발버둥치는 우리의 삶이 바보스럽다고 느껴졌다. 드넓은 바다가 오히려 작디작은 우리를 구경하고 있다는 느낌이 들었다.

미국에 와서, 사실 여행할 엄두는 감히 낼 수 없었다. 하지만 방학 때마다 부지런히 이 곳을 방문해 준 남편 덕분에 우리 가족은 미국 여행을 계획할 수 있었다. 지난 여름에는 동부의 거대한 도시 뉴욕과 서부의 사랑스런 도시 시애틀에 다녀왔고, 지난 겨울에는 로맨틱한 샌프란시스코에서 신년을 맞이했었다. 뉴욕에서는 내 눈으로 직접 본 자유의 여신상과 엠파이어스테이트 빌딩, 우리

나라 회사의 광고판이 자랑스러웠던 타임스퀘어 거리, 귀신 나올 것 같이 생긴 지하철, 그리고, 끔찍한 모습을 하고 거리를 활보하는 거지들이 기억에 남았고, 시애틀을 한 눈에 내려다 볼 수 있는 스페이스 니들(Space Needle)과 아름다운 수족관, 스타박스 1호 점이 있는 파이크플레이스 마켓(Pike Place Market), 그리고 관광객을 보면 환호해 주는 그 곳 주민들이 매우 인상 깊었다.

그리고, 드디어 올 여름은 남편과 함께 미국 서부를 자동차로 두루두루 돌아보기로 했다.

보통, 서부 여행지로는 시애틀-오리건-샌프란시스코-로스앤젤레스-라스베가스-샌디에고-그랜드캐년을 코스로 생각하는데, 우리는 이미 시애틀과 오리건, 샌프란시스코는 여행을 했으므로, 로스앤젤레스-라스베가스-샌디에고-그랜드캐년을 돌아보기로 결정했다.

약 2주의 계획으로 단단히 각오를 하고 출발했다. 장시간의 운전은 분명히 우리를 녹초로 만들 것이다. 구글어쓰(Google Earth)로 각 도시간의 거리와 도착 시간을 어림잡고, 언제 어디서 잘 것인지를 정했다.

때마침 로스앤젤레스에는 나와 함께 오리건 주립대학의 어학연수 프로그램에 참여했던 친구가 살고 있어서, 나흘이나 신세를 질 수 있었다. 타지에 아는 사람이 살고 있다는 것이 얼마나 마음을 든든하게 해 주는 것인지 처음으로 실감했다.

남편과 세 시간씩 교대로 운전을 했고, 내가 운전을 하지 않을 때엔, 관광 가이드 북을 손에 쥐고서, 아이들과 남편이 들을 수 있도록, 다음에 방문할 곳의 관광 정보를 큰 소리로 읽어 주었다. 사전에 많은 지식을 가지고 관광지에 방문하면, 그 관광지의 수려함과 더불어 존재 의미가 더욱 확고해지기 때문이다.

그리고 경비가 문제였다. 여행을 떠나면 모든 숙소와 식사, 심지어는 물까지도 엄청난 돈을 지불하고 사먹어야 한다. 특히나 여름철 여행은 모든 곳이 성수기 요금을 요구하고, 특히 물 값이 장난이 아니게 든다. 나는 이 문제를 해결하기 위해, 물가가 저렴한 우리 동네에서 물을 두 박스 사쟁여서 출발했고, 작은 전기 밥솥 하나와 전기포트, 쌀, 따뜻한 물만 부으면 먹을 수 있는 다양한 종류의 인스턴트 국, 인스턴트 일본 된장, 컵라면, 김, 인스턴트 커피, 밑반찬들을 아이스 박스에 충분히 준비해서 트렁크에 싣고 여행을 떠났다. 우리는 하루에 두 끼는 직접 밥을 해서 먹었다. 미국의 호텔 방에서 직접 흰 쌀밥과 맛있는 밑반찬을 먹을 수 있다는 건 정말 행복한 일이었다. 특히나 나는 햄버거나 피자를 별로 좋아하지 않기 때문에 한국식으로 먹는 기쁨은 남달랐다. 아침에 밥을 해 먹고 나서, 바로 한 번 더 밥 솥에 밥을 하면, 밥 솥에 고스란히 보온 된 점심을 자동차 안에서 먹을 수 있었다.

하루는, 패밀리 레스토랑 앞 주차장에 차를 대 놓고, 호텔에서 지어온 흰 쌀밥과 밑반찬을 점심으로 먹고 있는데, 남편이 우리 가족은 굴비 가족이라고 해서, 나를 정신 없이 웃게 한 적이 있다. 굴비를 천정에 매달아 놓고, 온 식구가 굴비 냄새를 반찬 삼아 밥만을 꿀꺽 꿀꺽 삼켜야 하는 가난한 가족의 모습이, 처량하게 패밀리 레스토랑 건물 벽에 붙어 있는 맛깔스러운 스테이크와 샐러드 그림을 쳐다 보면서, 김칫국물에 밥 비벼먹고 있는 우리 가족의 모습과 닮았던 것이다. 정말 웃겼다. 하지만, 우리는 2주일 동안 매일매일 밥을 해 먹었기 때문에 엄청난 경비를 절약할 수 있었다.

그리고, 많은 숙소들이 공짜 아침 식사를 제공하는데, 맛이 별로인 빵이나, 시리얼, 과일, 커피와 쥬스가 전부인 경우가 많다. 나는 이 메뉴들 중에서 과일을 몇 개 집어서 아이스박스에 보관해 두었다가 점심이나 저녁에 먹기도 했다.

숙소는 트리플 에이(AAA) 할인을 받을 수 있는 곳을 정하면, 회원가로 해 준다. 꼭 여행 떠나기 전에 트리플 에이 멤버십에 가입하고 떠나자. 약 10~15 퍼센트를 할인 받을 수 있었다. 트리플 에이 표시가 되어 있지 않은 숙소라도, 일단 물어 볼 필요가 있다. 표시를 해 두지 않는 숙소도 있고, 가끔씩 트리플 에이와 무관한 곳이라도, 주인의 마음에 따라 그에 해당되는 금액만큼 할인을 해 주는 곳도 있다. 레스토랑에서도 트리플 에이 할인을 해 주는 곳이 있다. 계산할 때 꼭 점원에게 할인여부를 확인하자.

이번에 우리가 여행한 곳들은, 로스앤젤레스의 월트 디즈니 콘서트 홀, 코리아 타운, 리틀 토쿄, 차이나 타운, 할리우드의 맨스 차이니즈 극장, 스타들의 거리, 비버리 힐즈의 스타들의 집들, 그리고, 이글스가 부른 노래 호텔 캘리포니아가 수록되어 있는 앨범의 배경이 되었던 비버리 힐즈 호텔에도 가 보았다.

모든 곳이 다 신기하게 느껴졌고, 특히 코리아 타운에서는 우리 언어로 된 건물들과, 우리와 똑같이 생긴 사람들이 걸어 다니는 모습이 그야말로 한국의 우리 동네 같다는 느낌을 받게 했다. 리틀토쿄나 차이나 타운에 비하니, 엄청난 규모였고 아주 깨끗하고 잘 정돈되어 있었다. 우리 민족의 우수성을 실감하면서 뿌듯하다고 느꼈다. 그리고, 할리우드의 스타들의 거리에서는 얼마 전 세상을 뒤로한 마이클 잭슨의 브론즈를 발견했는데, 브론즈 주변에 놓인 수많은 장미꽃들이 그의 영혼을 위로하고 있었다. 그리고 비버리 힐즈에 있는 마돈나의 집은 너무 부지가 넓어서 집 자체를 가까이서 볼 수는 없었지만 여하튼 어마어마하게 부자임엔 틀림없다는 것을 눈으로 확인할 수 있었다. 1912년에 설립되어 왕실 인사나 국가 원수, 억만 장자는 물론 영화계 명사들이 많이 숙박한다는 아름다운 핑크빛 비버리 힐즈 호텔을 구경하고서는 차 안에서 이글스의 호텔 캘리포니아를 들어보았다. 과연 무슨 관련이 있을까?

노래 호텔 캘리포니아의 가사를 옮겨 보았다.

On a dark desert highway
Cool wind in my hair
The warm smell of colitas
Rising up through the air
Up ahead in a distance
I saw a shimmering light
My head grew heavy and my side grew dim
I had to stop for the night

There she stood in the doorway
I heard the mission bell
And I was thinking to myself
This could be heaven or this could be hell
Then she lit up a candle
And she showed me the way
There were voices down the corridor
I thought I heard them say

Welcome to the Hotel California
Such a lovely place, such a lovely face
There's plenty of room in the Hotel California
Any time of year, you can find it here

Her mind is tiffany twisted
She's got a Mercedes Benz
She's got lotta pretty, pretty boys
She calls friends
How they dance in the courtyard
Sweet summer sweat
Some dance to remember
Some dance to forget
So I called up the captain

Please bring me my vine
He said "We haven' t had that spirit here since 1969"
And still those voices they' re calling from far away
Wake you up in the middle of the night
Just to hear them say

Welcome to the Hotel California
Such a lovely place, such a lovely face
They' re livin' it up at the Hotel California
What a nice surprise, bring your alibis

Mirrors on the ceiling, the pink Champaign on ice
And she said "We are all just prisoners here of our own device"
In the masters chambers they' re gathered for the feast
They stab it with their steely knifes but they just can' t kill the beast
Last thing I remember, I was runnin' for the door
I had to find the passage back to the place I was before
"Relax" said the night man "We' re all programmed to receive
You can check out every time you like, but you can never leave"

■■ 해석 ■■

사막의 까아만 고속도로를 달리는
내 머리결에 바람이 스치고
은은한 콜리타스 냄새가
대기에 진동하는군
저 멀리 앞에
가물거리는 불빛이 보이는군
머리가 무거워지는 듯하고
시야가 점점 흐려지고 있어
오늘밤 묵을 곳을 찾아봐야겠어

문가에 그녀가 서 있었어
미션풍의 종이 울리는 소리를 듣고
난 혼자 이렇게 생각했어
여긴 천국이던가
아니면 지옥일거야
그리고 나서 그녀가 촛불을 켜고
내게 길을 인도해줬어
복도 아래에서
소리가 들렸는데
이렇게 말하는 것 같았어

캘리포니아 호텔에 잘 오셨어요
여기는 아름답고
묵을 방도 많이 있지요
연중 어느 때고
여기서 방을 구할 수 있어요

그녀는 티파니 같은 비싼옷에 쏠려 있었고
벤츠를 몰고 다녔어
잘생긴 남자 친구들이 많이 있었고
그녀는 그들은 친구라 불렀지
그들은 마당에서 춤을 추었고
달콤한 여름의 땀에 흠뻑 젖었어
어떤 춤을 기억하고 싶지만
잊고 싶은 춤도 있었지

지배인을 불러서
와인을 한잔 갖다 달라고 하자
그가 이렇게 말했어

우린 1969년 이래
그런 술은 팔지 않아요
그 목소리는 아직도 저 멀리서
날 부르고 있는 것 같고
그 소리에 한밤중에
깨어나기도 하지
그들이 이렇게 말하는 걸 듣기 위해

캘리포니아 호텔에 잘 오셨어요
이곳은 아름다운 곳이죠
사람들은 이곳에서
인생을 즐기고 있어요
놀랍지 않아요?
핑계거리 대고 이리 놀러 오세요

천장에 펼쳐진 거울,
그리고 얼음이 얹혀진 핑크빛 샴페인.
그녀는 이렇게 말했어
이곳에서 우린 모두 우리가 만들어낸
도구의 노예가 되어 버리죠
그리고 주응접실에서
사람들은 만찬을 위해 모이고
나이프로 음식을 자르지
하지만 그들은 짐승을
죽이진 못해

내가 마지막으로 기억하는 건
입구를 향해 뛰었던 거야
난 내가 원래 있던 곳으로
다시 돌아갈 길을 찾아야 했지
진정해요라고

야간 경비원이 말했어
우린 손님을 받기만 할 수 있어요
당신은 언제든지 방을 뺄 수는 있지만
떠날 수는 없을 걸요

(출처: 가사집 http://gasazip.com/127476)

인터넷을 뒤져 보니, 이 노래와 이 호텔에 관한 의견들이 분분했던 것 같았다. 이 노래는 물질만능주의와 향락주의를 미화시키는 동시에 비판하는 노래인 것 같다. 이 호텔에 방문하기 전까지는 노래 호텔 캘리포니아의 가사가 이런 내용을 담고 있으리라고는 상상도 하지 않았다. 그저 너무나 아름다운 기타 연주의 선율에 감동받았을 뿐이었다. 이래서 여행이라는 것이 우리에게 생각할 거리를 제공해 준다는 말에 동의할 수 있게 된다.

그리고 로스앤젤레스의 유명한 테마 파크인 유니버설 스튜디오(Universal Studio)도 가 봤다. 엔터테인먼트 센터에는 터미네이터, 워터월드, 백 투더 퓨쳐, 미가, 슈렉 등의 센터들이 있고, 스튜디오 센터에는 E.T. 어드벤쳐, 쥬라기 공원, 백드래프트 등이 있으며, 트램(Tram)을 타고 스튜디오들을 투어할 수 있다. 나는 각종 이벤트나 쇼를 보는 것도 재미있었지만, 편안히 앉아서 투어할 수 있는 스튜디오 투어가 가장 좋았다. 모든 곳을 돌아다니면서 줄 서서 기다리는 일을 반복하기엔 너무 나이가 들었다는 생각을 했다.

로스앤젤레스 관광을 마치고, 그 다음 날에 샌디에고로 떠났다. 이 곳은 유럽 관광객들이 매우 선호하는 곳이고, 해변과 항구의 절경이 유명하며, 멕시코와 인접해 있어서 멕시코 문화의 영향을 받은 곳이 많다. 우리는 샌디에고의 항구에서 야경을 즐기면서 하루를 묵었고, 다음 날에 테마 공원인 씨 월드(Sea World)에 방문해서 희귀한 바다 동물들도 보고 유명한 돌고래 쇼도 볼 수 있었다. 그리고 나서는, 다운타운과, 캘리포니아에서 가장 역사가 오래된 마을인 올드타운(Old Town)을 구경했다. 올드타운은 타운 전체가 국가의 사적으로 지정되어 있었으며, 아름다운 정원을 가진 레스토랑을 비롯한 많은 곳들이 내 눈을 즐겁게 해 주었다.

그 다음에는, 무려 일곱 시간 동안 끝이 없을 것만 같은 사막 지대를 운전해서 도착한 곳이 바로 라스베가스이다. 라스베가스는 끔찍할 정도로 더웠다. 공기가 건조해서 더 뜨겁게 느껴졌다. 그 곳으로 향하는 동안 사막 이외에는 아무 것도 없었는데, 라스베가스에 도착하니 너무나 많은 사람과 빌딩들이 모여 있었다. 유흥지역인 스트립(Strip)을 걸으면, 거리 양쪽으로 각각의 개성을 자랑하는 호텔들이 줄을 지어 서 있고, 호텔 내부 또한 너무나 개성있고 아름다운 모습으로 장식되어 있어서 우리의 입을 다물지 못하게 한다. 호텔 로비마다 초대형 카지노와 테마 공원이 있지만 수 백 대의 슬롯 머신의 소음이 나를 지치게 만들곤 했다. 나에게 깊은 인상을 준 것은 벨라지오 호텔의 분수쇼였다. 분수가 음악에 맞추어서 리얼타임으로 춤을 추는데, 매 시간마다 패턴이 달랐다. 밤에 보면 더욱 절경이었다. 호텔의 20층 높이까지 물살이 솟아 올랐다. 이 곳은 물가가 엄청나게 비싼 곳이었다. 한국 음식점에서 삼겹살 1인분에 25달러, 된장찌개 하나에 13달러, 거기에 소비세가 20퍼센트나 더 붙었다. 끔찍하다고 느꼈다.

정신없는 라스베거스를 떠나서 자연 협곡인 그랜드 캐년으로 향했다. 이곳은 실제로는 높지 않은데 높은 산처럼 느껴졌으며, 거대한 바위에 새겨진 문양들의 아름다움에 일순 내가 신선이 되어 하늘을 날고 있다는 느낌을 가지게 했다. 사진에서 볼 때보다 천배는 아름다움을 만끽할 수 있었다.

여행에서 돌아오자마자 남편은 일을 위해 한국으로 돌아갔고, 나와 아이들은 남은 여름방학을 보내고, 9월에 시작될 신학기를 준비해야 한다.

이렇게 미국 서부를 다 둘러 보고 돌아오니, 여행 중에 있었던 모든 일들이 꿈만 같다. 나중에, 한국에 돌아가면, 우리의 소중한 미국 생활의 모든 순간들이 꿈처럼 느껴질 것이라는 생각이 나로 하여금 글을 쓰게 만들었다. 우리가 꿋꿋하게 이겨 낸 미국 생활과, 우리의 눈부시게 아름다운 추억들이 절대로 꿈으로만 기억되는 일이 없도록, 낱낱이 기록해서 영원히 잊혀지지 않도록……

2009년 여름

아름다운 코발리스(Corvallis)에서...

이 현 정